ビジネスコミュニケーション
グローバル社会におけるビジネス基礎力と運用能力
Business Communication
Global Human Resource and Business Proficiency Development

堀　眞由美
Mayumi Hori

中央大学出版部

はじめに

　社会では、大勢の人々が共に協力し合い目標に向かって仕事をしています。年齢も異なれば、価値観も異なり、仕事の仕方、考え方、役職なども異なります。様々な人々と良好な人間関係を築き、コミュニケーションをとることは、仕事を遂行する上で最も大切なことです。良好な人間関係を築くには、まず相手を思いやり、周囲への気配りが求められます。さらに、身だしなみや言葉遣い、ビジネスマナーなどを習得する必要があります。グローバル社会におけるビジネス基礎力と運用能力により良好なコミュニケーションをとることで、お客様から信頼され、認められるようになり、顧客満足度は上がります。結果として、ビジネスの生産性の向上に結びつくことになります。
　グローバル化に伴い、世界中の人々と仕事をします。プロトコール（国際儀礼）は、国際間の儀礼にとどまらず、グローバルビジネスの場でも必要な知識です。海外では、フルコースの食事やレセプションなど仕事の場以外でもコミュニケーションをとる機会が多く、物おじすることなくふるまうことが求められます。働く環境も変化しています。情報通信技術を駆使して、遠隔会議やテレワークなどの利用がさらに普及しグローバル化はますます進みます。これまでのコミュニケーションのとり方では、意思疎通を図るのが難しくなってくるかもしれません。
　本書では、グローバル社会に求められるビジネスコミュニケーションスキルとして、ビジネスマナー、身だしなみ、言葉遣い、プレゼンテーション、プロトコール、テーブルマナー、ビジネス文書、メール、SNS、遠隔会議、テレワーク、冠婚葬祭などのビジネス基礎力とその運用能力について解説をします。単なる形式知としての知識ではなく、職場での体験を経た実践知（暗黙知）の知識として内在（indwell）するようになることが本書の目標です。頭の中の知識として終わらせずに、勉強したことが実際の場で行動できるようになることを期待しています。

目次

はじめに 003

第1章 社会人の基本 007
- 働くことの意義 008
- 学生と社会人の違い 009
- ビジネスマナーとは 010
- 社会人に求められる意識 011
- 仕事の基本意識 012

第2章 身だしなみの基本 013
- 身だしなみ 014
- 女性の身だしなみ 016
- 男性の身だしなみ 018
- ビジネスツール 020

第3章 挨拶・言葉遣いの基本 023
- 接客基本用語 024
- お辞儀の基本 026
- 敬語 029
- 呼称 033
- 間違えやすい敬語 036
- クッション言葉 038
- クレーム対応 039

第4章 来客応対の基本 041
- 来客を迎える 042
- 来客を案内する 045
- 応接室の上座・下座 048
- お茶の接待 049
- 接客中の取り次ぎ 054
- 見送り 056

第5章　電話応対の基本 ……… 057
- 電話の受け方 ……… 058
- 電話のかけ方 ……… 061
- 伝言メモ ……… 064
- 携帯電話のマナー ……… 066

第6章　社内でのコミュニケーション ……… 069
- PDCAサイクル ……… 070
- ホウ・レン・ソウ ……… 071
- 「聴く」コミュニケーション ……… 072
- 会議への参画 ……… 073
- 欠勤、遅刻、早退、休暇取得 ……… 074
- 職場で守ること ……… 076

第7章　プレゼンテーション ……… 079
- プレゼンテーションの準備 ……… 080
- 資料の作成 ……… 081
- プレゼンテーションのポイント ……… 084

第8章　訪問と接待のマナー ……… 087
- アポイントメントのとり方 ……… 088
- 訪問 ……… 089
- 名刺 ……… 091
- 紹介 ……… 094
- 接待 ……… 095

第9章　プロトコール（国際儀礼）・テーブルマナー ……… 097
- プロトコール ……… 098
- 女性に対するスマートな配慮（Lady on the right）……… 105
- パーティー ……… 106

- ドレスコード ……… 108
- パーティーでの紹介と自己紹介 ……… 111
- 贈答 ……… 112
- 宗教 ……… 113
- 制限のある食事 ……… 115
- テーブルマナー ……… 118

第10章 ビジネスメール・ビジネス文書の基本と遠隔会議・テレワークの心得 ……… 125

- ビジネスメールの基本 ……… 126
- SNSの心得 ……… 132
- ビジネス文書 ……… 133
- 社内文書 ……… 134
- 社外文書 ……… 137
- 社交文書 ……… 141
- 遠隔会議の心得 ……… 142
- テレワーク(telework)の心得 ……… 144

第11章 冠婚葬祭のマナー ……… 147

- 冠婚葬祭 ……… 148
- 慶事のマナー ……… 149
- 弔事のマナー ……… 161
- 訃報の対応 ……… 162
- 葬儀 ……… 163
- 宗教別の作法 ……… 170
- 贈答のマナー ……… 174
- 見舞いのマナー ……… 175

おわりに ……… 176

第 1 章
社会人の基本

働くことの意義

　人はなぜ働くのでしょうか？　何のために働くのでしょうか？　多くの人にとって、働くことは、働いて得た給料で生きていくためです。給料で、食べ物や衣服など生活をするために必要なものを買うことができます。また、旅行や趣味も楽しめます。より充実した人生を過ごすためには、お金は必要です。さらには、社会との関わりを持つために働きます。仕事は、1人でするより大勢で分担したほうが効率的で、多くの人々から良い案、良い意見が生まれます。仕事を通じてコミュニケーションを取り合いながら協力をしていきます。仕事をしながら、良好な人間関係を築いていくこと、これも働くことの意義の1つでしょう。

　また、仕事を通じて何かを成し遂げたい、実現したいと考える人もいるでしょう。仕事で自分がやりたいことをかなえていくことは、生きるために働くことに加えて自己実現をしていくという大きな夢を持つことができます。その夢が社会貢献と考える人もいるでしょう。

　多くの仕事は、一見役に立っていないように見えても、何らかの形で誰かの役に立っています。自分の仕事が、直接的に誰かの役に立っている場合には、社会貢献の度合いを仕事の成果として確認しやすくなるので、たとえ給料が低くても働き続けようという気持ちになります。

　人によって働く目的、理由は様々です。特に意識することなく働いている人もいます。働く意義を意識しないまま働くよりも、働く意義を考えて働いたほうが、仕事で壁にぶち当たった時や辛いことがあっても、その対処の糸口を見つけだし、乗り越えていけるのではないでしょうか。

　働くことは、自分を成長させることでもあります。円滑な人間関係を築くコミュニケーション力、協力し合いひとつのことをやり遂げる達成感、困難を克服する精神力、新しいことを学ぶ楽しさ、誰かのために働く喜び、短時間で大きな成果を出すための効率化など、これらはすべて働くことから得られる大きな財産です。

学生と社会人の違い

　学生と社会人では、どのような違いがあるでしょうか。学生は、授業料を払い大学などで勉強して知識を得ます。社会人は、自分の持つ知識を活用して会社に貢献し、その対価として給料が支払われます。学生時代にアルバイトの経験がある人は多いと思います。アルバイトと社員の違いを考えてみてください。その違いは、「責任」の重さです。アルバイトは、社員から指示があった通りに仕事をします。社員は、自分の立場や役割をしっかりと把握しプロとしての責任感が求められます。社員になると、自分の言動が、職場の同僚、上司、取引先など、様々な人に影響を与えます。今まで以上に自分の言動に責任を持たなければなりません。社員一人ひとりの言動は、会社の言動として見られます。責任ある言動が求められます。社員は、自分の能力をさらに高めて仕事の成果を上げ、会社に貢献する＝会社に利益をもたらさなければなりません。その対価として給料が支払われます。

　社会人になると自己管理、時間管理も当然できなくてはなりません。体調不良で欠勤すれば、一緒に働く社員、会社、取引先にも迷惑をかけることになります。学生は、自分の予定を優先できるかもしれませんが、社会人になれば、仕事が休みの日も体調を整えるために、栄養のバランスのとれた食生活、適度な睡眠や運動、ストレス発散など、規則正しい生活が求められます。また、仕事の納期も決まっていて、予定を立て取り組むことが多くなります。時間に追われることが多いと感じるでしょう。

　学生時代は、気の合う友人同士で一緒に過ごし、気の合わない人とは距離を置くこともできます。LINEの返信も自分の都合で返すことができますし、返信がないと言われても「忘れた」で済まされるかもしれません。しかし、社会では、そういうわけにはいきません。様々な人と共に仕事をし、気が合わない同僚や先輩、上司でもコミュニケーションをとっていかなくては、仕事を円滑に進めることが出来なくなります。仕事ト必要あれば、ソーシャルメディアではなくメールや電話で速やかに返信や連絡をとらなければなりません。

ビジネスマナーとは

　まず、マナーとは何でしょうか。マナーとは、行儀、作法、礼儀のことで、社会の秩序を保ち、人々とコミュニケーションをとる上で重要なことです。マナーは「心」です。相手を大切に思っているか、思いやりの気持ちを忘れないことです。マナーを習得しそれをかたちにすることで、より良い人間関係を築くことができます。「相手の立場に立って、相手の心を思いやる」という姿勢をかたちで表現すれば、さらに対人関係の質は向上していきます。社会常識であるマナーを心得ていれば、いつでも、どこでも自信を持って行動をすることができ、心に余裕を持つことができます。そうすると、自然とまわりの人に対しても配慮ができるようになります。マナーは、まわりの人に不快感を与えずに、気持ちよくコミュニケーションをとるにはどうしたらいいかという「おもてなし」の心に基づいています。

　ビジネス社会では、これらの意識を言葉や行動で表現すると「ビジネスマナー」になります。マナーに加えてビジネスマナーを心得ることにより、社内、社外での良好なコミュニケーションを築くことができ、さらにはお客様からの信頼を得て認められるようになり、顧客満足度は上がります。結果として、ビジネスの生産性向上に結びつくことになります。

　社会では、年齢、価値観、仕事の仕方、考え方、役職など様々な違いがある大勢の人々が共に仕事をします。一人ひとりが、マナーやビジネスマナーを心得て、気持ちよく働くことができるようにします。

　ビジネスマナーは、単なる形式的なものではないと認識しましょう。形式的に覚えるだけでは、適切なタイミングで使うことが難しくなります。また、事務的、心のこもらないという印象を相手に与えてしまうこともあります。ビジネスマナーは、なぜそれが必要なのかを考えていかなくてはいけません。ビジネスマナーは、働く人達の間で共有される相手を敬う気持ちから生まれた暗黙のルールだと言えます。暗記するのではなく、その必要性を考えて実践の場でスマートに効果的に使えるようにしましょう。

社会人に求められる意識

　社会人は、自分で働き一定の収入を得て、自立して生活をします。学生時代のように気の合う友人や家族との人間関係とは異なり、様々な人々との複雑な人間関係の中で、上手にコミュニケーションをとる必要があります。そのためには、社会人として求められる意識が3つあります。

■ 自己管理意識
　自分のことが自分できちんと管理できない人に、社会人の資格はありません。朝、自分で起きることができますか？　朝食を食べていますか？　バランスのとれた食事や適度な運動をしていますか？　健康管理に気をつけていますか？　ストレスを緩和し、気分転換を実行していますか？

■ 時間管理意識
　自分の時間管理だけではなく、相手の時間も大切であることを認識しながら仕事を進めます。まず決められた時間を守ることです。例えば、アポイントメント（面談の約束）の時間は、必ず守ります。万一、遅刻をすると先方のその後の予定もくるってしまい、結果として、相手の大切な時間を奪うことになり、信頼も失います。腕時計で時間を確認する習慣を身につけてください。残業は、上司の許可が必要です。残業をする前に、どうして時間内に仕事を終えることができなかったのか、自分の仕事の仕方を振り返り、時間内に終わるにはどうすべきか考えなければなりません。残業代も会社が仕事の対価として支払います。残業代ばかり支払っていては、会社の利益は上がりません。仕事は、期限を守ることはもちろんですが、迅速に、丁寧に、完璧に、期日よりも早くできるように常に努力する姿勢が求められます。

■ 就業規則厳守
　会社では、労働条件や服務規律（仕事を行う上でのルール）などを定めた就業規則があります。大勢の社員が、協力して目標を達成するために努力をします。そこには、一定のルールを設けています。就業規則として明文化したものの他に、「会議は30分以内に終了すること」などのように、会社独自の慣習やルールがあります。社員一人ひとりが気持ち良く働くために、守らなければなりません。

仕事の基本意識

仕事をする上で必要な5つの基本意識があります。

■ **顧客意識**

お客様の立場に立って考え、自分の仕事をお客様の満足度につなげようとする意識です。お客様の求めるまたは期待以上の品質の良い商品やサービスを提供することが求められます。

■ **目標意識**

仕事は、何を、いつまでに、どう実現するかという具体的な目標を立てます。その目標に向けて、役割分担を決め、計画を実行していきます。

■ **コスト意識**

多くの売上げがあっても、それを上回る費用がかかれば何の意味もありません。人件費、設備費、仕入費などすべてに費用がかかります。これらは必要な経費ですが、同時に、利益を圧迫するコストにもつながります。社員一人ひとりが、会社の利益を圧迫するコストを抑え、適切な時間管理、無駄を省き、仕事の密度を高めることに努力をします。

■ **協調ワーク意識**

1人で行う仕事には限界があります。仕事の目的を達成するために、社員や仕入れ先・協力会社など全員の力を合わせ、組織としての力を引き出していこうとする意識です。円滑な人間関係やチームワーク、連携が図られてこそ良い仕事、良い結果が出せます。

■ **問題意識**(改善意識)

現状を当たり前のこととして受け止めるのではなく、これはこのままで良いのか、ここは改善したほうが良いのではないかなど、常に新鮮な目で見ようとする意識です。現状を把握、分析し、問題点や課題があれば、上司、先輩、同僚からアドバイスや意見を聴き、仕事のやり方を再考します。仕事の条件や環境が変われば、それに応じて仕事のやり方も変える必要があります。新しい方法を常に工夫する姿勢が大切です。

第 2 章
身だしなみの基本

身だしなみ

　身だしなみとは、容姿、服装、言葉遣い、態度などに対する心がけのことです。身だしなみは、服装のことだけではありません。ビジネスの場では、相手に不快な思いや不信感を抱かせるような身だしなみは、マナー違反です。好印象を与え、好感度をアップできるようにしましょう。

■ **メラビアンの法則**
　良好なコミュニケーションがとれるかどうかは、第一印象によって決まると言っても過言ではありません。メラビアンの法則は、人間の第一印象を決定する要素を「視覚」「聴覚」「言語」の3つに大別し、「視覚」（服装、ヘアスタイル、メークなど）55％、「聴覚」（声のトーンや話し方）38％、「言語」（話した言葉や内容など）7％と結果が出ました。すなわち、第一印象を決定する要素は、見た目と会った時の印象で93％が決まると言われています。身だしなみは、コミュニケーションをとる上でも重要な要素です。

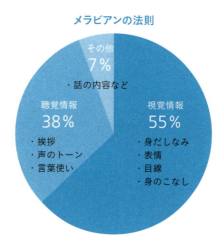

　メラビアンの法則の発見者であるアルバート・メラビアン（Albert Mehrabian,1939-）は、アメリカの心理学者で、コミュニケーションや感情

などの研究をしています。3要素を示し、感情や態度について矛盾したメッセージが発せられた時の人の受けとめ方の影響について実験をしました。その割合が、メラビアンの法則です。

　アイコンタクトもコミュニケーションには重要です。相手の目を見ることは、相手の話に注意深く耳を傾け聴いているというサインでもあります。相手の目を見ることに慣れず、気恥ずかしく感じることもあるかもしれませんが、相手の目を見て話し、相手の話を聴く努力をしましょう。そうすることで敬意を伝えることができます。相手の目を見る割合は、会話の間の4〜6割が目安です。長時間目を見つめると、反対に威圧感を与えてしまうこともあります。時々は視線を相手のネクタイの結び目あたり（相手が男性の場合）や鼻と眉間のあたりにずらしてみましょう。

　身だしなみは、清潔感、ビジネスの場にふさわしい機能性重視、健康的、品格のある控えめさが必要です。第一印象を決める身だしなみ（服装、ヘアスタイル、メークなど）は、相手の目が基準になります。服装や髪形を相手がどう思うか、失礼にならないかという点から判断します。年代が異なる人々が共に働くビジネスの場では、どの年代にも受け入れてもらえる身だしなみが必要です。就職活動では、ほとんどの学生が普段着ではなく、スーツを着用します。スーツ姿は、誰からも違和感なく受け入れることができ、きちんとした服装と相手が思う身だしなみです。スーツをきちんと着こなせているかどうか、就職試験で見られています。袖が長すぎる上着、肩幅が合っていないスーツ姿は、社会人として失格です。自分のサイズにあったスーツを着用してください。スーツは、まず肩幅でサイズを合わせます。袖など長い場合には、身体に合うように直す必要があります。一方で、「オシャレ」は自分の目が基準です。自分の好きな服装、髪形、メークなどは、仕事のオフの日に楽しんでください。

　身だしなみは努力、おしゃれはセンスとも言われています。身だしなみは、努力で身につきます。その場に相応しい服装や振る舞いは、勉強したり、人に聞いたりすればわかります。また、そのような場数を踏んで、学んでいきます。身だしなみが身につけば、自ずとおしゃれのセンスも磨かれていきます。その場にふさわしい服装の中に、さりげなく自分の個性や好みを取り入れていけるようになります。身だしなみは人のため、おしゃれは自分のためです。

女性の身だしなみ

　上下揃いのスーツが原則です。職場、職種によりワンピースにジャケット、パンツスーツも可能な場合には、カジュアルすぎないように気をつけます。社外を訪問する時には、ジャケットは必須です。

項目	ポイントレッスン
ヘアースタイル	長い髪は、黒やこげ茶のゴムでまとめ、その上を同色の1センチ幅程度のリボンで結ぶか小さめのヘアピンでゴムが見えないようにします。前髪で額を隠すと自信がない印象を与えます。顔はできる限り見せたほうが好印象を与えます。ヘアカラーは、明るすぎないように気をつけましょう。
化粧	ノーメークは社会人として失格です。健康的なナチュラルメークを心がけます。ファンデーション、チークをほんのり入れます。口紅は、ピンク系、眉は、細すぎずゆるやかなカーブにします。
手の爪	爪は手のひらから見て2ミリ程度の長さにします。ラウンド（丸型）に整え、ネイルは、透明か薄いピンク系がやさしい印象を与えます。
スーツ	上着、パンツ、スカートは、アイロンでプレスします。上着は、前ボタンを全部かけます。スカートは、椅子に着席すると、丈が短くなります。立って膝が隠れる程度の丈が必要です。夏場は、上着を脱ぐ場合もあるので下着の色は、目立たない白やベージュにします。お辞儀をした時に胸元が見えないブラウスを着用します。
アクセサリー	大きなイヤリング、ピアス、指輪などは、ビジネスの場では不向きです。
ストッキング	ナチュラルな肌色です。予備を必ず持ちましょう。 冬場の厚地のタイツはスーツ姿には不向きです。
靴	シンプルなパンプス（5センチ以内）で色は黒。ビジネスバッグと同色が基本です。ヒールがない靴は、車を運転したり、荷物を運ぶ時にはきましょう。革靴は定期的に磨きます。ヒールがすり減る前に、ヒールの交換、修理が必要です。

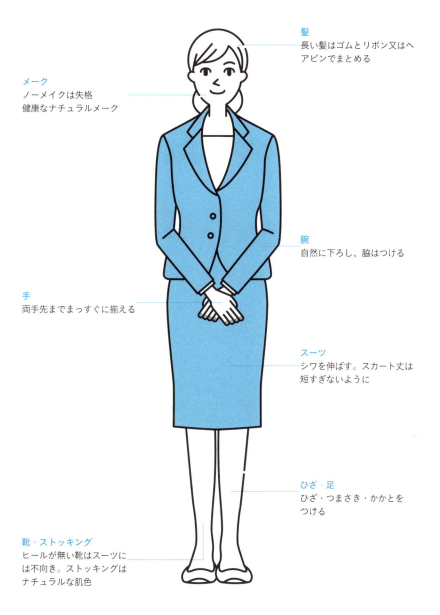

第2章 身だしなみの基本

男性の身だしなみ

　ダークカラー（濃紺、チャコールグレーなど）の無地の上下揃いのスーツが原則です。ジャケットはシングル、季節に応じたスーツは最低でも3着は必要です。シャツは、基本は白を中心に、7枚揃えましょう。ネクタイは、無地、ストライプ、水玉など、5本程度用意しましょう。

項目	ポイントレッスン
ヘアースタイル	髪が耳、眉、額にかからないようにします。肩のフケに気をつけましょう。ヘアカラーは自然色にしましょう。
顔	髭剃は必須です。鼻毛も確認しましょう。
スーツ	上着、ワイシャツ、ズボンはプレスしたもの。下着は白色です。
ベルト	色は、黒やこげ茶、バックルは目立たないシンプルなものがよいでしょう。
靴下	色は黒、紺、こげ茶の無地。購入する時には、同じものを2足以上購入するとつま先などが破れた場合に便利です。
靴	靴底が減る前に靴底部分の交換、修理をします。皮靴は定期的に磨きます。「足元を見れば、その人がわかる」と言われています。紐のある革靴が正式です。

Do you know ?

スーツのボタン
　男性のスーツのボタンは2つまたは3つボタンが一般的です。2つの場合は、上のボタン、3つの場合は、真ん中もしくは1番上と真ん中をかけます。「立つ時はかけ、座る時は開ける」です。Yシャツの袖は上着の袖から1〜2cm見える位がよいと言われています。上着に皮膚の汚れが付かないようにという意味もあります。スーツは、購入した店などで自分に合うようにサイズ直しを依頼しましょう。

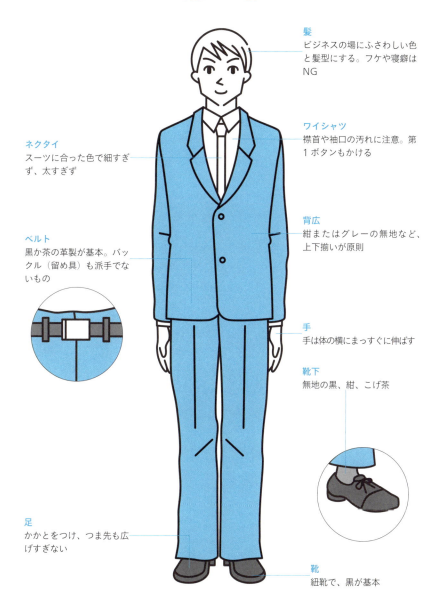

ビジネスツール

　社会人として必ず揃えておきたいものがあります。いずれもビジネスの場にふさわしいものを選んでください。

項目	ポイントレッスン
腕時計	時刻がはっきりとわかるもの、秒針付きの腕時計がよいでしょう。
名刺・名刺入れ	名刺は、汚れたり折れたりしたものは使えません。
社員証	身分証明の役割があるので必携し、保管に気をつけましょう。
パソコン	重要な資料、顧客情報などの情報が保管されています。置き忘れ、保管など十分に気をつけます。
スケジュール帳	携帯電話（スマートフォン）のみに頼ると故障や紛失の時に困るので、別途スケジュール帳も活用しましょう。
クリアファイル	書類は、汚したり、折ったりしないようにファイルに入れます。
筆記用具	黒ボールペン、黒インクペンが原則です。すぐに取り出せるようにしておきます。
携帯電話	会社から支給される携帯電話は、仕事のみに使用し、私用では使えません。
ハンカチなど	ハンカチ以外にも小タオル、テッシュペーパーは必携です。
折り畳み傘	外出先で急に雨が降ってくることもあります。
ビジネスバッグ	ビジネスの場にふさわしいバッグを選びます。
印鑑・朱肉	スタンプ式の簡易印鑑の他に、朱肉を使う印鑑も必携です。

■ 名刺入れ
　お客様と名刺交換をする機会が多いので、名刺入れはブランド品や安価なものではなく、ビジネスの場にふさわしい目立たない色の革製品を準備しましょう。名刺入れは、名刺が多めに入るようにマチつきのもので、名刺を入れる部分が2つにわかれているものを選びましょう。自分の名刺とお客様の名刺を区別して入れることができます。名刺を入れる部分が1つしかないと、自分の名刺とお客様の名刺が混ざってしまい、いざという時に他人の名刺を渡してしまうことにもなりかねません。

■ ハンカチ
　木綿製の薄い生地でできたハンカチは、スーツの上着やスカート、パンツのポケットに入れても、スーツ姿を崩すことがほとんどありません。汗を拭いたり、洗った手を拭いたり、食事時に女性が膝にかけたりするのにも使います。濡れた手を拭くには、布地が薄いので適さない場合もありますが、小タオルと上手に使い分けましょう。

■ 小タオル
　ハンカチと小タオルの違いは、わかりますか。小タオルは、タオル地でできているためかさばります。水分を吸い取るには適しています。ハンカチと小タオルは、両方を持参し、使い分けるとよいでしょう。

■ ティッシュペーパー
　ティッシュペーパーも必携です。街で無料で宣伝として配布されるティッシュペーパーを使う場合には、そのまま使用するのではなく、ティッシュペーパーケースに入れて使う心遣いもビジネスの場では身だしなみです。

■ マスク／マスク入れ

第 3 章
挨拶・言葉遣いの基本

接客基本用語

挨拶は、「自分の心を開く」という意味があります。自分の心を開いて、相手の存在を認めていることを相手に積極的に伝える行為です。相手を認め、自分の心を開くことで「あなたの敵ではありません」という合図を送ります。心を開くことは、コミュニケーションの入り口です。まず、口角を上げてみましょう。口角を上げると、顔の表情は華やかになり、自然な笑顔ができるようになります。次に、挨拶をすることで、良好な人間関係の扉が開きます。相手に認められていると感じれば、自分を認めてくれた人に対して好意的に接するようになります。笑顔と明るい声で挨拶をすれば第一印象が良くなり、会話がしやすい雰囲気を作ることができます。挨拶はコミュニケーションの第一歩です。身近なところから始めましょう。朝起きたら、自分から先に家族に「おはよう！」と微笑んで、元気よく挨拶をしてみましょう。気持ちを込めて、自分の心を開いて、相手とコミュニケーションをとりましょう。

接客基本用語は、普段から使いこなせるようにしておきましょう。謝罪の言葉以外は、声のトーンを上げて明るく、はきはきと言いましょう。

■ **接客基本用語**
- おはようございます。
- いらっしゃいませ。
- ありがとうございます。／ありがとうございました。
- お世話になっております。
- かしこまりました。／承知いたしました。
- 恐れ入ります。
- お疲れさまでした。／お疲れさまでございました。
- 申し訳ございません。／申し訳ございませんでした。
- 少々お待ちください。／少々お待ちくださいませ。
- お待たせいたしました。
- 行ってまいります。／行ってらっしゃい。
- ただ今帰りました。
- おかえりなさい（ませ）。

- 失礼いたします。／失礼いたしました。
- お先に失礼いたします。

挨拶のあとに続けるひとことは、季節や天候、お世話になったお礼などをさりげなく伝えます。
- いらっしゃいませ。本日は、お暑い中、遠路ありがとうございます。
- いらっしゃいませ。過日は、お電話をいただきありがとうございました。
- おはようございます。今日は幾分涼しくなりましたね。

■ **英語の接客基本用語**
- Good morning / Good afternoon/Hello / Good evening（おはようございます。／こんにちは。／こんばんは。）
- Do you have an appointment？（お約束はいただいてますでしょうか？）
- May I help you？（ご用件を承ります。）
- May I have your name, please？（どちら様でしょうか？）
- May I have your card？（名刺をいただけますか？）
- Nice to meet you.（はじめまして。）
- I am glad to see you.（お目にかかれて嬉しいです。）
- Thank you very much.（ありがとうございます。）
- I am (so / very) sorry.（申し訳ございません。）
- Certainly.（かしこまりました。）
- Just one moment, please.（少々お待ちください。）
- Thank you for waiting.（お待たせいたしました。）
- I beg your pardon.（もう一度言っていただけますか？）
- What would you like to drink？（お飲み物は何がよろしいでしょうか？）

第3章　挨拶・言葉遣いの基本

お辞儀の基本

　ビジネスマナーの基本であるお辞儀は、相手への敬意を表します。お辞儀は、用途により会釈、敬礼、最敬礼の3種類があります。各々の場面で使い分けます。

- **会釈**

　15度傾けます。廊下でお客様や上司、社員とすれ違う時、応接室、会議室に入退出する時。

- **敬礼**

　30度傾けます。お客様への挨拶、上司への挨拶をする時。

- **最敬礼**

　45度傾けます。お礼やお詫び、あらたまった席の挨拶の時。

お辞儀の傾斜と視線

会釈 15°　視線は2~3m先

敬礼 30°　視線は2~3m先

最敬礼 45°　視線は2~3m先

■ 立ち姿とお辞儀の仕方

　お辞儀をする前に、まずかかとをつけて、背筋をしっかり伸ばして立ちます。女性は、両手先を揃えてまっすぐ伸ばし体の前で重ねます。ひじは自然に身体につけるようにします。男性は両脇をしめ、両手先をまっすぐに体に横にそって伸ばし揃えます。きれいな立ち姿をとり、相手の目を見て微笑みアイコンタクトを送ります。背筋を伸ばした状態で上半身を腰からゆっくり傾けます。その状態で止まり一呼吸置きます。傾けた時の視線は、足元から2〜3m先を見てください。自分の足元や靴は、ぼやけて見えるはずです。自分の足元や靴が、はっきり見えていたら、頭だけ下がり猫背のお辞儀になってしまいます。そのあとは、ゆっくり背筋を伸ばした状態で起き上がります。傾けた時よりもさらにゆっくりと起き上がり、相手の目を再び見て微笑みアイコンタクトを送ります。

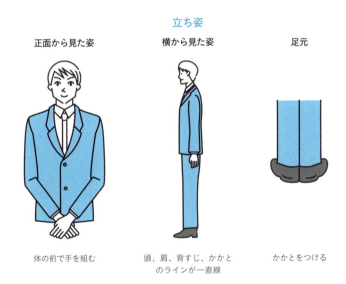

立ち姿

正面から見た姿　　　横から見た姿　　　足元

体の前で手を組む　　頭、肩、背すじ、かかと　　かかとをつける
　　　　　　　　　のラインが一直線

■ 分離礼と同時礼

　挨拶の言葉を言い終えてからお辞儀をする分離礼、挨拶の言葉を言いながらお辞儀をする同時礼があります。分離礼は、最後まで相手にアイコンタクトを送ることができ、メリハリのある、より丁寧な印象を与えます。

■ **スマートな所作**

所作とは、その場に応じた身のこなしやしぐさを言います。周囲の人へさりげない、ちょっとした気づかいができる人を目指しましょう。

- **物や書類の手渡し**
  軽く片手を添えて、両手で渡します。ハサミなど先が鋭利なものは、刃先を自分に向けて渡します。

- **歩き方**
  美しい立ち姿と同様、背筋を伸ばして前を向き、アゴを引いて、軽やかに歩きます。体の細部にまで神経が行き届くようにスマートに歩きます。廊下は、中央は歩かず、横並びで歩くのは避けます。廊下は、お客様や他の社員も歩きます。追い越しも禁止です。

- **椅子の座り方**
  背筋を伸ばし、背もたれにはもたれず、にぎりこぶし１つ程度あけ深く腰をかけます。女性は、両膝をつけ、両手をあわせて膝の少し手前ふとももの上におきます。男性は膝頭をこぶし１〜２つ程度開き、足をまっすぐにおろし、軽く両手をグーにして太ももに置きます。腕組みや足組み、ひじをつく、踏ん反り返る、靴を脱ぐなどNGです。

- **動作を静かに丁寧に**
  椅子に座る時にドカッと座わる、ドアの開け閉めを静かにできない、引き出しの開け閉めがうるさい、書類のめくり方が雑、ファイルをバサバサと机に置く、キーボードを叩くように打つなど、自分では気づいていない場合が多いようですが、周囲の人の迷惑を考え、動作は静かに、丁寧にします。

- **食べ方を美しく**
  食べ方は、仕事とは関係ないと思われるかもしれませんが、正しい箸使い、ひじをつかない、音を立てない、早食いしないなど、食事の時の所作にも気を配りましょう。ランチミーティング、接待など、会食も重要なコミュニケーションの場となります。

- **手書きの字は丁寧に**
  パソコンの普及で手書きの書類を書く機会はほとんどなくなりました。しかし、メモや書状など手書きで書くことはあります。手書きは、誰が読んでもわかりやすいように丁寧に書きましょう。

敬語

　敬語は、相手を敬うための言葉遣いであり、相手に対してどう接したいかという自分の意思を伝えるものです。お互いの立場を認識して、人間関係やコミュニケーションをスムーズにしていくためにとても重要な役割があります。店で買い物をした時やレストランで食事する時に、店員にぞんざいな口のきき方をされたら不快に思うでしょう。相手を敬う気持ちを敬語で表わし、良好なコミュニケーションを築いていきます。

　敬語には尊敬語、謙譲語、丁寧語の三種類があります。

■ **尊敬語**
　相手を敬う言葉です。相手の動作や状態を高めて表現します。
- 動詞＋「れる」「られる」
  ×大橋部長がいる。→ ○大橋部長がいらっしゃる。
- 動詞＋「くださる」
  ×お客様がお土産をくれる。→ ○お客様がお土産をくださる。
- 「お」「ご」＋動詞＋「になる」
  ×山田課長が使う。→ ○山田課長がお使いになる。
- 「お」「ご」＋動詞＋「くださる」
  ×田中主任が話してくれる。→ ○田中主任がお話しくださる。
- 別の言葉で言い換える
  ×この書類を見てください。→ ○この書類をご覧になってください。

■ **謙譲語**
　自分の動作や状態をへりくだる言葉です。間接的に相手を敬います。
- 動詞 ＋（させて）頂く
  ×訪問する。→ ○訪問させて頂きます。
- 「お」「ご」＋動詞
  ×大橋様にその書類を送付する。→ ○大橋様にその書類をお送りする。
- 別の言葉で言い換える
  ×この書類を見ます。→ ○この書類を拝見します。／拝見いたします。

■ 丁寧語・美化語

相手に対して物事を丁寧に言い表す時に使う言葉です。

- **最初に「お」「ご」または文末に「ございます」「です」「ます」をつけます。**
  ×これは書類だ。→ ○これは書類でございます。
  ×手紙を見ました。→ ○お手紙を拝見しました。
- **外来語や動植物には「お」「ご」はつけません。**
  ×おビールいかがですか？
  ×このおコーヒーは香りがいいです。
  ×あなたのお犬可愛いですね。
  ×あなたの庭のおバラ綺麗ですね。

敬語一覧

動詞	尊敬語	謙譲語	丁寧語
来る	いらっしゃる	参る	来ます
会う	お会いになる	お目にかかる	会います
行く	いらっしゃる	伺う・参上する	行きます
いる	いらっしゃる	おる	います
する	なさる	いたす	します
見る	ご覧になる	拝見する	見ます
思う	思われる	存じる・存じ上げる	思います
受け取る	お受け取りになる	拝受する	受け取ります
知っている	ご存じ	存じる・存じ上げる	知っています
言う	おっしゃる	申す・申し上げる	言います
聞く	お聞きになる	伺う・承る・拝聴する	聞きます
尋ねる	お尋ねになる	伺う	尋ねます
食べる	召し上がる	いただく	食べます

■ ビジネスフレーズ

ビジネスの場で間違いやすいフレーズです。

- ×ご苦労様です。→ ○お疲れさまでした。
  ☞「ご苦労様。」「ご苦労様です。」は、目上の人から目下にかける慰労の言葉です。
- ×しばらくでした。／しばらくぶりです。→ ○ご無沙汰しておりました。

☞「しばらくでした。」「しばらくぶりです。」は、同僚や目下の人に使います。「お久しぶりです。」であれば、相手の立場に関係なく使えますが、敬意を表すうえでは「ご無沙汰しておりました。」を用いるようにしましょう。

・×お世話さまです。 → ○お世話になっております。

☞「お世話様です。」は、「ご苦労様。」と同じく、ねぎらいの言葉として目下の人にかける言葉です。目上の人に対して用いるのは避けましょう

・×了解です。／了解しました。／わかりました。 → ○承知いたしました。／かしこまりました。

☞「了解です。」「了解しました。」は、同僚や目下の人に使います。

・×すいません。／すみません。／ごめんなさい。 → ○ありがとうございます。／お願いいたします。／申し訳ございません。

☞「すいません。」「すみません。」は、目上の人に用いるには失礼な表現です。感謝、謝罪、依頼の意味で安易に使われることがありますが意味をきちんと伝えるには、「ありがとうございます。」「申し訳ございません。」「お願いいたします。」を使います。

・×本日はお休みをいただいております。 → ○本日は休みを取っております。／本日は休んでおります。

☞「いただく」という表現は、自分の会社に対しての敬意の表現です。

・×なるほど → ○おっしゃる通りです。

☞賛同する時に使う「なるほど」は、目上の人に対して用いるのは避けましょう。

・×どうでしょう。／どうですか。 → ○いかがでしょうか。／いかがいたしましょうか。

☞「どうでしょう。」「どうですか。」は、目上の人に対しては用いるのは避けましょう。

・×今いいですか → ○ただ今お時間はよろしいでしょうか。

☞報告や相談時には、まず相手の都合を確認します。「いいですか。」は、目上の人には失礼な表現です。

・×繰り返します。／もう一度言います。 → ○復唱させていただきます。

・×わかりません。／しりません。 → ○わかりかねます。／存じかねます。

・×できません。 → ○いたしかねます。

・×あとで／さっき → ○のちほど／先ほど

- ×あっち／こっち／そっち → ○あちら／こちら／そちら
- ×教えます。→ ○ご説明いたします。
- ×わかりましたか。→ ○ご理解いただけましたでしょうか。
- ×お仕事は小山商事で経理を担当しています。→ ○仕事は小山商事で経理を担当しています。
  ☞自分の仕事に「お」はつけません。相手の仕事を尋ねる時は「お仕事は何をしていらっしゃいますか？」と「お」を入れます。
- ×お話してください。→ ○お話しください。
  ☞「して」は相手に命令をする言葉なので使いません。「ください」に依頼の意味が含まれます。
- ×書類のほう持参いたします。→ ○書類を持参いたします。
  ☞「〜のほう」は、方向を占めす言葉で不要です。
- ×1万円ちょうどお預かりいたします。→ ○1万円頂戴いたします。
  ☞1万円の会計を支払っているのに「お預かりします。」は間違いです。
- ×5,000円からお預かりします。→ ○5,000円お預かりいたします。
  ☞「から」は不要です。
- ×ご注文は以上でよろしかったでしょうか。→ ○ご注文は以上でよろしいでしょうか。
  ☞現在のことなのに過去形にするのは間違いです。
- ×とんでもございません。→ ○とんでもないです。
  ☞「とんでもない」で1つの単語です。2つに分けて「ない」の部分だけを「ございません」に変えることはできません。
- ×よろしかったでしょうか。→ ○よろしいでしょうか。
  ☞その場で今、承諾を得ようとする場合には「よろしかった」と過去形にはしません。
- ×電話番号をいただけますか。→ ○電話番号を教えていただけますでしょうか。
  ☞電話番号は、いただくものではありません。

呼称(こしょう)

　呼称とは、名前をつけて呼ぶことです。自分のことを示す場合には謙譲語、相手のことを示す場合には尊敬語を使います。呼称は、ビジネス文書でも使います。日本語独特の自分を一歩下げることで相手を敬う気持ちを表します。ビジネスの場では、お客様や取引先を始めとする多くの社外の人たちと接する機会があります。職場でも、年齢や経験の異なる人たちがいっしょに働いています。そのような中で円滑なコミュニケーションをとるには、ビジネスの場にふさわしい呼称が必要です。

呼称一覧

	自分側	相手側
私	わたくし	そちら様・皆様
自社	私共の会社・弊社	そちら様・御社・貴社
お父さん	父	お父上様・お父様
お母さん	母	お母上様・お母様
おじいちゃん	祖父	おじい様
おばあちゃん	祖母	おばあ様
夫	夫・主人	ご主人様
妻	妻・家内	奥様
娘	娘	ご息女様・お嬢様
息子	息子	ご子息様・息子様
同行者	同行の者	お連れ様・ご同行の方
贈答品	粗品・寸志(目下にのみ)	お品物
授受	拝受	ご笑納・お納め
自宅	拙宅(せったく)	お住まい

■ 社内での呼称

　部長、課長などの役職名そのものが敬称の役割を果たします。「大橋部長さん」のように「さん」をつける必要はありません。社内では、姓＋役職(例「大橋部長」)で呼べば、それが敬称になります。役職のない社員は、「さん」(例

「山田さん」）と呼びます。社内で役職名を使わずに、全社員を「さん」（例「大橋さん」）で呼ぶ会社もあります。

　社外の人に対して自分の会社の社員のことを言う場合は、役職＋「の」＋姓（例「部長の大橋」）または名字を呼び捨て（例「大橋」）にします。社外の人と話す場合、自分の会社の上司や社員は身内として扱います。社外の人は、姓＋様または姓＋役職＋様（例「山本様」「加藤部長様」）と呼びます。お名前がわからない客は、「お客様」と呼びます。

- **社内では、原則、姓＋役職で呼びます。**
  田中社長、大橋部長、山田主任
- **役職がない人は、姓＋さんで呼びます。**
  大川さん
- **社外の人は、姓＋様で呼びます。**
  加藤様
- **社外の人と話す場合、上司や社内の人に対しては敬語を使いません。**
  部長の大橋は、ただ今外出をしております。
- 「姓＋役職」は、敬称になりますが、「役職＋の＋姓（または姓のみ）」は敬称にはなりません。
- 社内、ご家族から連絡があった時には「大橋部長は、ただ今外出をなさっていらっしゃいます。」と敬語を使います。

　自分の会社の上司の大橋部長が外出していることを伝える言い方です。
- **「大橋部長は、ただ今外出なさっていらっしゃいます。」**
  ☞大橋部長のご家族や身内から連絡があった場合、また社内で大橋部長より役職が下の社員には、大橋部長に対して敬語を使います。
- **「大橋部長は、ただ今外出しております。」**
  ☞社内で大橋部長より役職が上の人から連絡があった場合には、敬語は使いません。
- **「大橋は、ただ今外出しております。」**
  ☞社外の人から連絡があった場合は、敬語は使いません。

■ **日にちの敬語表現**
- ×きょう → ○ほんじつ（本日）

- ×昨日 → ○さくじつ（昨日）
- ×あした → ○みょうにち（明日）
- ×あさって → ○みょうごにち（明後日）
- ×おととい → ○いっさくじつ（一昨日）

Do you know？

席をはずす

「席をはずしております。」は、社内のどこかにはいることを意味します。「外出しております。」は会社の外にいることを意味します。出張中は、「出張しております。」となります。いずれも社外の人には、行先（場所、会社名など）の詳細を説明する必要はありません。

間違えやすい敬語

■ 尊敬語と謙譲語の混同

尊敬語は、相手に対して、謙譲語は、自分に対して使います。

- ×お客様が参られました。→ ○お客様がいらっしゃいました。
  - ☞「参る」は謙譲語で自分に対して使い、相手には使えません。
- ×山本様でございますね。→ ○山本様でいらっしゃいますね。
  - ☞「ございます」は「ある」の謙譲語で自分に対して使い、相手には使えません。
- ×中央商事の大橋様がいらっしゃっております。→ ○中央商事の大橋様がいらっしゃっています。
  - ☞「おります」は「いる」の謙譲語で自分に対して使い、相手には使えません。
- ×郵送でお送りいたします。→ ○郵送で送らせていただきます。
  - ☞送るのは自分なので「お」は不要です。
- ×(取引先の人に自社の) 大橋部長にお伝えします。→ ○部長の大橋(または大橋)に申し伝えます。
  - ☞外部の人に自社の人のことを言う時は、敬語は使えません。

■ 二重敬語

敬語を二重に使ったものを「二重敬語」といい、間違いです。

- ×お客様がその資料をご覧になられる。→ ○「お客様がその資料をご覧になる。」
  - ☞「読む」を「ご覧になる」と尊敬語にした上で、さらに「〜れる」を加え二重敬語になってしまいます。
- ×大橋部長は、そのようにおっしゃられています。→ ○「大橋部長は、そのようにおっしゃっています。」
  - ☞「言う」を「おっしゃる」と尊敬語にした上で、さらに「〜られる」を加え二重敬語になっています。
- ×山田主任がその件についてお話しになられます。→ ○「山田主任がその件についてお話しになります。」
  - ☞「話す」を「お話しなる」と尊敬語にした上で、さらに「〜られる」を加え二重敬語になっています。

Do you know？

若者言葉

　若者同士であれば、違和感のない言葉かもしれませんが、年長者や上司、先輩などには非常に違和感のある言葉があります。
「これってよく利用されているじゃあないですか。」という言葉遣いは、近年よく耳にする新しい言葉です。「〜じゃあないですか」は、相手に同意を求める言い方になり、時として同意したくない場合に、半ば強制的な同意を相手に感じさせるので、特にビジネスの場では、頻繁に使うことは避けましょう。自分の意見として「私はこれがよく利用されていると思います。」という言い方をします。
「なるほど」と言う言葉を、若い人が相手の話に同感の意味で言うのを耳にします。日本語は間違いでありませんが、頻繁に使うことは失礼になります。相手の言うことに同感した場合には、「はい、私もそのとおりだと思います。」「おっしゃる通りだと思います。」という言い方をします。
　SNS（ソーシャルネットワーキングサービス：Social Networking Service）で使う省略語やネット言葉もビジネスの場では使いません。

クッション言葉

　クッションのある椅子とない椅子では座り心地が違います。同様に、相手に尋ねたり、依頼をしたり、断る時にその前にひとこと言葉を添えることで、クッションのような効果があり、相手にソフトな印象を与えます。クッション言葉がなくても相手には伝わりますが、直接的な表現になってしまいます。クッション言葉をそえることで依頼する気持ち、尋ねる気持ちを丁寧で優しい印象で伝えることができます。ビジネスの場では適切な状況の中、バランスよくクッション言葉を使用すると言葉の誠意が伝わります。

・**失礼ですが**、どちら様でいらっしゃいますか。
・**恐れ入りますが**、少々お待ちいただけますでしょうか。
・**お手数をおかけいたしますが**、お名前をご記入いただけますでしょうか。
・**恐縮ですが**、お電話でご連絡いただけますでしょうか。
・**お差支えなければ**、携帯電話の番号をお知らせいただけますでしょうか。
・**残念ながら**、ご期待に沿えず申し訳ございません。
・**あいにく**、席をはずしております。

　クッション言葉＋依頼事項＋語尾を否定疑問にすると、依頼する気持ち、尋ねる気持ち、断る気持ちをより丁寧で優しい印象で伝えることができます。
　①順番に伺いますので待ってください。(普通の依頼表現)
　②ただ今混み合っておりまして、順番に伺いますのでお待ちください。(理由を追加)
　③申し訳ございません。ただ今混み合っておりまして、順番に伺いますのでお待ちいただけますか。(クッション言葉＋理由＋語尾を疑問形)
　④申し訳ございません。ただ今混み合っておりまして、順番に伺いますのでお待ちいただけませんでしょうか。(クッション言葉＋理由＋語尾を否定疑問)

クレーム対応

　クレームとは、お客様からの苦情や指摘のことです。まず、こちらのミスだとわかれば、すぐに謝罪をします。たとえ小さなミスでも、会社の信用問題にもなりかねません。電話、eメールなどについては、それらが届いた時点で直ちにお客様に連絡を取ります。すぐに対応できない場合でも、お客様には謝罪と途中経過を連絡し「放置されている」という印象を持たれない様に気をつけます。

　不快な思いに対して心からお詫びをしなければなりませんが、「申し訳ございません。」という言葉だけではなく、「不快な思いをさせてしまい、大変申し訳ございません。お話をお聞かせいただけませんでしょうか。」と、相手の心情を理解することが大切です。お客様の話は、最低でも3分間は、聴きましょう。こちらの言い分があっても、一通り話が終わるまで、しっかり聴くことがクレーム対応の最大のポイントです。クレームを言うお客様は、不快に対する意識が敏感になっています。応対する社員の言動にも敏感になっています。お客様に「自分の言っていることが理解されている」という気持ちを持っていただくように努めなければなりません。その上で、正確な状況を把握していきます。「聴く」姿勢は、対面の場合にはお客様を見て「うなずき」や「あいづち」、あるいは声に出して「はい」と返事をします。電話の場合には、「うなずき」や「あいづち」はお客様には見えないので、声を出して返事をする聴く姿勢により伝えます。クレーム対応は、eメールより電話、電話より対面が、お客様の表情なども迅速に理解しやすくなります。同時に上司にも速やかに報告し相談をします。

　時間に関する言葉は、曖昧な言葉ではなく、できる限り具体的な時間を伝えるようにします。

　　・×「ただちに」「すぐに」対応いたします。→ ○（5分）以内に対応いたします。
　　・×「のちほど」対応いたします。→ ○（30分）以内に対応いたします。
　　・×「後日」お電話いたします。→ ○（24時間）以内にお電話いたします。

第4章
来客応対の基本

来客を迎える

　会社では、多くのお客様が来訪されます。社員の来客応対のマナーでその会社がわかるとも言われるほど、来客応対は重要です。接客の5原則、①挨拶、②身だしなみ、③姿勢・態度、④表情（笑顔）、⑤言葉づかいをしっかりマスターして、お客様をいつでも礼儀正しくお迎えできるようにしましょう。

　来客応対は、迅速で、丁寧な対応が求められます。お客様をお迎えするには、まず、笑顔で、明るく、元気な声で「いらっしゃいませ。」の挨拶から始まります。朝10時30分位までであれば「おはようございます。いらっしゃいませ。」と朝の挨拶も加えましょう。「いらっしゃいませ。」は、ビジネスの場でお客様をお迎えするオールマイティーな挨拶です。挨拶は、必ず立って行います。
　お客様には、2つのパターンがあります。事前にアポイントメント（アポ、面談の約束）がとれている場合と、事前にアポがなく突然いらっしゃる場合です。これにより応対の仕方がかわります。
　お客様が重なった場合には、先にお越しになった方から応対をします。その際に、次のお客様には、「申し訳ございません。少々お待ちいただけますでしょうか。」と声を掛けます。受付がないオフィスでは、お客様に最初に気づいた社員が対応します。
　アポがあるお客様をお迎えする時間に、アポがないお客様もお越しになることもあるかもしれません。「10時にお約束の中央商事の山田様でいらっしゃいますか。」とアポの有無を確認します。アポがあることを確認できたら、「お待ち申し上げておりました。」と歓迎の言葉を伝えます。面談相手の担当者に連絡をとり、担当者から指示があれば、応接室にご案内をします。アポがとれているので、用件は聞く必要はありません。アポをとる時点で、用件や所要時間、同行者について担当者と確認がとれているためです。
　お客様を確認するための「〇〇様でございますね。」の「ございます」は丁寧語ですが尊敬語ではありません。相手の名前のあとにつけるのは間違いです。「〇〇様でいらっしゃいますね。」が適切です。「山田でございます。」と自分を名乗る場合や「営業部の鈴木でございますね。」と社外の人に自分

の会社の社員のことを言う場合は、問題ありません。

　アポなしのお客様には、相手の確認（会社名、氏名）をしてから用件を確認します。担当者に連絡をして、お客様への対応の指示を仰いでください。ビジネス社会では、時間はとても重要です。原則、面談は、あらかじめアポをとり、双方が時間を有効に使います。そのため、アポがない場合には、たとえ担当者が社内にいても会わない場合もあります。しかし、会う場合もあるので、それを決めるのは、担当者です。受付で対応をした人が決めることはできません。

　アポなしのお客様の担当者が不在の場合には、その旨を伝えお客様の意向を聞きます。お急ぎの様子なら、「お差支えなければ、ご用件をお伺いしてもよろしいでしょうか。」と尋ね、できる限りお客様の意向にそうように対応をします。用件が緊急かどうかも確認します。用件次第で、代理の社員が対応できることもありますし、伝言を承ることもあります。

　取引先がアポなしでお越しになることがあります。相手を確認し、用件を聞きます。取引先で顔なじみの場合には、用件のみ確認し担当者に取り次ぎます。用件が急ぎであれば、担当者が会議中や来客中の場合には、用件をメモに書いて伝えます。会議中、面談中は、口頭での伝言はしません（▶第4章 ■接客中の取り次ぎ参照）。担当者が対応できない場合には、取引先に事情を説明し、意向を聞き、できる限り意向にそうように対応をします。こちらでどうするか決めてしまうのではなく、取引先にどうしてほしいか希望を言ってもらうようにしましょう。

- **担当者が対応できない例**
「申し訳ございません。ただ今、大橋は来客中ですぐにお目にかかることができません。いかがいたしましょうか。」

　飛び込みのセールスは、アポなしの場合が多いので、会社名、名前、用件を確認し、担当者に連絡をして指示を受けます。セールスを断るように会社であらかじめ指示されている場合には、「申し訳ございません。このようなご用件はお断りするように申しつかっております。」と丁寧に伝え、お帰りいただきます。

■ 来客応対の確認ポイント

　アポありのお客様には、会社名と氏名を確認し、アポありの本人と確認できたら、「お待ち申し上げておりました。」と歓迎の言葉を伝え、面談場所へご案内します。用件は、聞きません。

　アポなしのお客様には、会社名と氏名、用件（誰に何の用事か）を確認します。日本のビジネス社会では、ビジネスマナーとして初対面で名刺を渡します（▶第8章 名刺参照）が、中には、名刺を渡さないお客様もいらっしゃいます。相手が会社名や名前を名乗らない場合には、「失礼ですが、どちら様でいらっしゃいますか。」と聞きます。名前しか言わない場合には、「失礼ですが、どちらの大橋様でいらっしゃいますか。」、会社名しか言わない場合には、「失礼ですが、中央商事のどちら様でいらっしゃいますか。」とたずねます。用件を言わない場合には、「失礼ですが、本日はどのようなご用件でいらっしゃいますか。」とたずねます。相手の会社名、氏名、用件を確認したら、担当者に取り次ぐためにお客様に「少々お待ちください。」と伝えます。担当者に「失礼いたします。中央商事の山田様が、先週のお取引の件でお目にかかりたいと受付にお越しになっています。いかがいたしましょうか。」と伝えます。アポをとっていないので、会うかどうかは担当者が決めます。担当者が会える場合は、お客様を応接室へご案内します。担当者が会えない場合は、お客様に事情を説明し意向をききます。「申し訳ございません。山田はただいま来客中でございます。お急ぎの場合には、代わりに田中が承りますが、いかがでしょうか。」と会えないことのお詫びと代案を提示し、お客様から希望を言っていただくようにします。この時に、「代わりに田中が承ります。」と言い切らないようにします。

来客を案内する

■ **面談場所の提示と荷物**
　お客様との面談は、応接室や会議室を利用します。応接室がない場合には、オフィス内に応接スペースを備えている会社もあります。お客様をご案内する時には、「応接室にご案内いたします。」と、まず面談場所を伝えます。お客様が大きな荷物や重そうな荷物を持っている場合には、「よろしければ、お持ちいたしましょうか。」と声をかけます。

■ **廊下**
　お客様の右斜め2～3歩先を歩き、先導をします。廊下の中央はお客様に歩いていただきます。時々、後ろを振り向きながら、お客様の歩調に合わせます。途中で、他のお客様、上司や社員とすれ違う時には、会釈をします。

■ **階段**
　階段を使う場合には、「お足元にお気をつけください。」と一声かけます。手すりがあれば、お客様が手すり側です。上りは、お客様に先に上がっていただきます。お客様よりも高い位置に立たないためです。下りは、「お先に失礼いたします。」と声をかけてお客様より先に下るようにします。

■ **エレベーター**
　エレベーターに乗る前に「○階でございます。」と行先の階を伝えます。原則、お客様に先に乗っていただきます。エレベーターのドアが閉まらないように、エレベーター外の「▲▼」のボタンを押し、ドアを手で押さえた状態で、お客様に「どうぞ。」と声をかけて、先に中に乗っていただきます。続いて自分がエレベーターに乗り、操作パネルの前に立ち行先の階ボタンを押します。その際には、お客様に背中を向けないように、操作パネルの前に少し斜めに立ちます。エレベーター内では、「本日はお忙しい中お越しいただき、ありがとうございます。」など声をかけましょう。行先階についたら、エレベーター内操作パネルの「開」ボタンを押したまま、お客様に先に降りていただき、そのあと自分も降ります。
　複数のお客様とエレベーターに乗る場合、中に社員が乗っていない時には、「お先に失礼いたします。」と言って先に乗り、操作パネルの「開」ボタンと行先階ボタンを押します。「どうぞ。」と言って、お客様に乗っていただきま

す。中に社員が乗っている場合には、その社員が「開」ボタンを押しているので、お客様のあとから自分が乗ります。

　エレベーター内も上座、下座があります。操作パネルの前が下座で社員が乗る位置です。そのすぐ後が1番目の上座、その横が2番目の上座、その前が3番目となります。

エレベーター内の上座、下座

```
┌─────────────────────┐
│                     │
│    ①         ②     │
│                     │
│                     │
│    ④         ③     │
│   社員              │
└────■────────┬──────┘
   操作ボタン   ドア
```

■ **応接室入室**

　応接室は中に人がいるかいないかに関わらず、ドアを2回または3回ゆっくりノックします。ノックは、中にいる人に「入ります。」という合図です。何度も大きくノックをしたら中に人がいた場合には、驚いてしまいます。中の人に聞こえるソフトなノックができるように練習をしてください。

■ **応接室のドア**

　ドアのタイプにより、お客様が先に入るか、自分が先に入るかが決まります。ドアを開けて、廊下側に開く場合（手前開きのドア）には、ドアを開けて廊下で閉まらないように押さえ、「どうぞ。」と言ってお客様が先に入室します。ドアを開けて、応接室内にドアが開く場合（押し開きのドア）には、「お先に失礼いたします。」と言って自分が先に応接室に入り、ドアが閉まらないように室内で押さえ、「どうぞ。」といってお客様に入室していただきます。

■ **上座をすすめる**

　応接室内では、「どうぞこちらにおかけください。」と言ってお客様に上座

を勧めます。お客様が座るのを確認したら、「すぐに担当者がまいりますので、少々お待ちくださいませ。」と伝えます。

■ **応接室退室**

　応接室を退室する際にはドア前でお客様の方を向き、「失礼いたします。」と言ってから会釈（分離礼）をして、ドアを開けて退室します。すぐに担当者のところに行き、「〇〇様を応接室にご案内いたしました。よろしくお願いいたします。」と伝えます。

手前開きのドア

手前に開くドアは
お客様を先に

押し開きのドア

押して開くドアは
先に入って案内

応接室の上座・下座

　応接室や会議室の上座、下座の説明をします。一般的な応接室のレイアウトは、長机をはさんで2〜3人掛け用の長椅子と1人掛け用の椅子2脚を向かい合わせたものです。

一般的な応接室のレイアウト

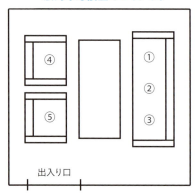

　上座は、出入り口から遠い席、室内の絵画や花、窓からの眺め、風景などが見やすい席、社員の往来が少ない席となります。長椅子のほうが1人掛け椅子よりも格上になります。長椅子も、出入り口から一番遠い席が上座です。役職の上位者から上座に座ります。社員は、1人掛け用椅子に、出入り口から遠い席から役職の上位者から座ります。出入り口から一番近い席は下座になり、面談途中で資料やコピーをとりに行く場合に出入りしやすい席で、役職の下の社員が座ります。応接室は、お客様との面談に使うため、使用後は整理整頓し、室内、テーブルの汚れ、空調などを確認し、次のお客様がいつでも使用できる状態に戻しておきます。

お茶の接待

　お客様を応接室にご案内し、担当者に連絡をしたあとは、お茶の準備をします。お越しいただいた感謝を込めて、おいしいお茶を入れてお客様にお出ししてください。日本人のお客様には、原則、日本茶をお出ししますが、海外からのお客様には、何を飲みたいか確認をしてから、可能な限り希望にそった飲み物にしましょう。"Would you like something to drink？"とお尋ねしてみましょう。中には、"Water"とおっしゃるお客様もいらっしゃいます。その場合には、ミネラルウォーターをお出しします。また、"Decaf"（カフェイン抜きのコーヒー）を希望するお客様もいらっしゃいます。海外からのお客様の訪問が多い会社では、このような様々な対応が必要です。

■ 日本茶の入れ方

　準備するものは、沸騰した湯、茶碗、茶托、急須、茶葉、茶さじ、お盆、きれいなぬれたふきんです。茶碗やふきんは、週1回程度、漂白剤につけて除菌をし、茶渋などの汚れをとるようにします。

①まず手を石鹸でよく洗いましょう。
②電気ポットを利用する場合には、再沸騰をさせます。
③茶碗、茶托がかけていないか、ひびが入っていないか、汚れがないか確認をします。ひびが入っていたり、かけている場合には、承諾を得てから処分をします。
④お客様の人数＋社員の人数分の茶碗、茶托を準備します。原則、全員同じ来客用の茶碗、茶托を使います。
⑤沸騰した湯をすべての茶碗に注ぎます。温かい飲み物は、茶碗も温めることが、おいしいお茶を入れるコツです。
⑥急須に茶葉を入れます。茶さじの大きさや茶葉にもよりますが、1人分茶さじ1〜2杯が目安です。
⑦茶碗に注いだ湯を急須に入れます。煎茶の場合には、適温は70〜80度です。急須のふたをして茶葉を蒸らします。お客様にお出しするお茶は、煎茶が一般的で蒸らし時間は1分程度です。茶葉により蒸らす時間は若干異なります。

⑧茶碗にお茶を注ぎます。濃さが均一になるように人数分の茶碗に少しずつ注ぎます。なみなみと注がず、8分目までにします。3人分の場合には、1つ目の茶碗に3分目→2つ目の茶碗に3分目→3つ目の茶碗に3分目→3つめの茶碗に3分目→2つ目の茶碗に3分目→1つ目の茶碗に3分目の順番……で注ぎます。

⑨お盆に、お茶を入れた茶碗を直接乗せ、茶托は人数分まとめて乗せます。茶碗を茶托に乗せる時にふきんで茶碗の糸底（茶碗の底）をぬぐいます。茶碗がぬれていると茶托にくっついてしまうことがあるため、茶碗を茶托にのせてお茶は注ぎません。

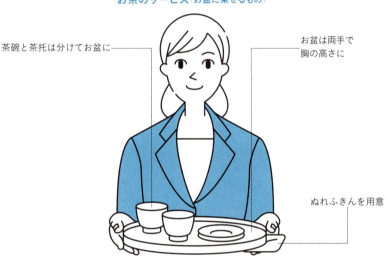

お茶のサービス（お盆に乗せるもの）

- 茶碗と茶托は分けてお盆に
- お盆は両手で胸の高さに
- ぬれふきんを用意

■ **日本茶の出し方**

①お盆を両手で胸の高さに持ち、応接室まで行きます。お盆を片手で持ち、ドアを2～3回ノックします。ドアを開けて入室し、静かにドアを閉めます。右か左に少しお盆をずらして「失礼いたします。」と言ってから会釈をします。お盆を少しずらすのは、会釈をした時に髪が茶碗に入るのを防ぐためです。

②応接室内のドアのそばにサイドテーブルがあれば、そこにお盆を置き

1か所絵柄がある茶碗と糸底

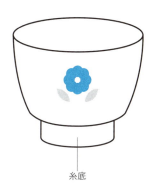

糸底

茶碗にお茶を注ぐ順番

それぞれの茶碗に少しずつ８分目の量になるまで注ぐ

　ます。サイドテーブルは、お盆を置くための専用の小さなテーブルです。サイドテーブルがない場合には、長テーブルの下座側（ドアから近い所）の端に「失礼いたします。」と声をかけてから置きます。資料などが長テーブルに置いてある場合には、汚さないように邪魔にならないように、お盆を置く位置に気をつけます。

③ふきんで茶碗の糸底を軽くぬぐいます。茶碗の外側や内側の１か所に絵柄（花など）があるものは、お客様がその絵柄を正面から見える位置に茶碗を置きます。茶碗を持つ時には、口をつける部分は手で持たずに、茶碗の下の方を持ちます。茶托にのせた茶碗をお客様の上位職から順番にお出しします。お客様の右側から両手で出すのが基本です。熱いお茶をお出しするので「どうぞ。」や「いらっしゃいませ。」など一言添えてお出しします。左側から出さなくてはならない場合には「左側から失礼いたします。」と一声かけてください。面談で発言中のお客様にお出しする時には、声はかけません。名刺交換をしている最中であれば、終わってからお茶をお出しします。お客様全員にお出ししてから、社員の上位職から順番に出します。

　万一、お茶や飲み物をこぼしてしまった時には、お詫びをして、急ぎ、火傷などをしていないか、服を汚していないか確認します。火傷の場合には、

大至急氷水で冷やす必要があります。服が汚れた場合には、ふきんでたたいて対応します。こすると汚れが繊維の中にさらに入ってしまいます。

　日本では、熱い日本茶をお出しするのが一般的ですが、夏には、冷たい麦茶などをお出しする場合もあります。冷たいものはグラスも冷蔵庫で冷やしておくとよいでしょう。グラスは、コースターの上に置きます。また、お得意様などにお菓子をお出しする場合があれば、お菓子をお客様から見て左側に置きます。その次に飲み物をお客様から見てお菓子の右側に、おしぼりを飲み物の右側に置きます。コーヒーや紅茶を出す場合には、カップはソーサーの上に置き、砂糖やクリームは、別々にお出しします。

　面談が長引いた場合には、あらたにお茶をお出ししたり、コーヒーや紅茶をお出しする場合もあります。お茶を入れ替える時には、前に出したものは、茶碗、茶托ごと下げ、新しく出し直します。下げる時には、お客様のものを先に片付けます。面談が長引くと予想される場合には、事前に担当者にお茶などのお代わりについて相談をしておくとよいでしょう。

Do you know？

日本茶について

　日本茶に適した水は、微酸性の「軟水」です。日本の水は、ほぼ微酸性の軟水で水道水を使用しても大丈夫ですが、水道水には塩素が含まれているので、必ず沸騰させてから使用します。市販の外国産のミネラルウォーターの多くは、カルシウム・マグネシウムを多く含む「硬水」のため日本茶には適していません。国産のミネラルウォーターは、ほとんどが軟水です。

　茶葉を摘み取ったあとで発酵させたものが紅茶です。摘み取った直後に発酵を止めると緑茶となります。緑茶は、お茶の新芽が出てから摘み取るまでの時期や育て方により名称が異なります。新芽が出始める4月初旬から5月頃まで（お茶の産地やその年の気候により時期が異なります）に摘み取られるものが新茶です。そのあと摘み取られるものは煎茶です。煎茶は、摘み取るまでずっと太陽の光を浴びて育ち、新芽の頃から（または摘み取りの3週間ほど前から）日光を遮って栽培したものが玉露（ぎょくろ）です。抹茶は緑茶の一種で粉に挽いたものです。

　日本茶の湯の温度は、それぞれのお茶のおいしさを引き出す重要なポイントです。湯の温度によって浸出するお茶の香味成分が異なります。煎茶は、渋みを抑えて旨み成分を引き出すために70～80度、玉露は、旨み成分を引き出すために50度程度の低温が適温です。香りがおいしい玄米茶、ほうじ茶、中国茶、紅茶は、100度に沸騰させた湯を使います。

接客中の取り次ぎ

　面談中のお客様や面談担当者宛てに緊急の伝言がある場合には、必ず用件を簡単な伝言メモに書いて、手渡しします（▶第5章 伝言メモ参照）。面談中のため「お話し中、失礼いたします。」と一言断り、用件がある人に伝言メモを渡します。伝言は、口頭では伝えません。伝言メモを自分の会社の担当者に手渡す場合には、お客様の目に触れないように渡します。伝言メモは用件に加え、対応方法をいくつか書いておき、その伝言メモと筆記具を渡し、対応方法に〇をつけてもらえば、会話を極力せずに取り次ぐことができます。用件により、お客様の耳に入れる内容でない場合もあるので、この方法をマスターできると、スムーズに伝言を伝えられ、対応方法の指示をもらえます。

■ 伝言メモ事例

　取引先である高尾商事田中様から昨日の取引の件で、緊急に担当者の大橋部長と話をしたいと電話が入りました。大橋部長は、中央商事の石川様と面談中です。大橋部長から面談中に取り次がないようにと指示がない限り、高尾商事は「緊急」とのことなので、原則、急ぎ取り次ぎます。高尾商事には、「大橋は面談中ですが、急ぎ知らせ、折り返しご連絡いたしますが、いかがでしょうか。」と伝え、いったん電話を切ります。急ぎ伝言メモを作成します。高尾商事から昨日の取引の件で緊急で大橋部長と話しをしたいと電話ありと書いて、その下に、①面談を中断し、急ぎ電話をする　②代理で〇〇に電話を依頼など、いくつか対応方法を書きます。伝言メモも素早く書けるようにしなくてはなりません。この伝言メモと筆記具を持参し、応接室に行きます。「お話し中、失礼いたします。」と断ってから伝言メモと筆記具を大橋部長に渡します。大橋部長は、それを読んで対応に〇をつけます。こうすることで、大橋部長とは最小限の会話で伝言を伝えることができます。これは、上級編ですが、まずは、伝言は口頭ではせず、伝言メモを素早く作成し伝えることができるようになることです。

接客中の取り次ぎメモ例

大橋部長

　高尾商事田中様よりただ今TELあり。昨日の取引の件で緊急に大橋部長と話をしたいとのこと。

対応
① 面談を中断し急ぎ電話をする
② 代理で川田次長に電話を依頼
③ 代理で（　　　）に電話を依頼
④ その他：

20●●年▲月■日　15時15分

　　　　　　　　　　　　受付：山田

見送り

　お客様がお帰りになる時は、原則、玄関まで見送ります。お客様との関係により応接室内や応接室を出た廊下での見送りもあります。オフィスがビルの上層階にあれば、エレベーター前で見送る場合もあります。エレベーター前では、お客様がエレベーターに乗り、ドアが閉まり始めたら「ありがとうございました。」または「失礼いたします。」と言ってから敬礼（分離礼）をします。ドアが閉まるまで、敬礼の状態で見送ります。その後、エレベーターが動いたのを確認してからその場を離れます。送迎車でお越しになった場合には、玄関先に送迎車がつきドアをあけてお客様に乗車していただき、ドアを静かに閉めます。「ありがとうございました。」と言って敬礼（分離礼）をし、車が見えなくなるまで敬礼を続けます。お客様の出迎えも見送りも、丁寧に心を込めて行います。

■ **応接室の片づけ**

　お客様を見送り後、応接室の片付けをします。忘れ物がないか、また、次のお客様のために応接室の整理整頓をします。

第 5 章
電話応対の基本

電話の受け方

　スマートフォンの急速な普及により、私たちの生活は、とても便利になりました。しかし、ビジネスの場では、友達と電話をする時と同じような感覚で話をしてはいけません。相手の顔が見えないからこそ、電話応対は、誤解や聞き違いなどないように、丁寧な応対が求められます。社員は、会社の代表として電話応対をします。社内の電話は、手があいている人が率先して出るようにします。明るく、はきはきと、丁寧に話します。復唱することで双方で間違いを減らすことができます。電話のそばには、必ず筆記具とメモ用紙を用意します。

■ 電話に出る

　デスク上の電話は、外線からも内線からも電話がかかってきます。電話機のパネルでどちらかわかるようになっていたり、コールの音が異なっていたり様々です。外線、内線の区別ができるようにしておきましょう。コールが鳴ったら、利き腕でない手で受話器をとり、同時に利き腕で筆記具を握ります。3コール以内に出ます。

「中央商事でございます。」
「はい、中央商事でございます。」
「中央商事営業部でございます。」

＊「もしもし」はビジネスの場では不要です。

- **午前10時30分頃までにかかってきた場合には**
「おはようございます。中央商事でございます。」
- **呼び出し音が4コール以上になってしまったら**
「お待たせいたしました。中央商事でございます。」
- **呼び出し音が6コール以上になってしまったら**
「大変お待たせいたしました。中央商事でございます。」
- **内線電話の場合には**
「〇〇部、田中です。」と伝えます。社内からなので、会社名はいりません。語尾を丁寧にする必要もありません。

- ■ 相手の確認（会社名・氏名）
  - ・原則、かけてきたほうが自分を名乗ります。
    「高尾商事の山本でございます。」
  - ・確認のため、復唱をします。
    「高尾商事の山本様でいらっしゃいますね。」
  - ・相手が名乗らない場合には
    「失礼ですが、どちら様でいらっしゃいますか。」
  - ・相手が会社名しか名乗らない場合には
    「失礼ですが、高尾商事のどちら様でいらっしゃいますか。」
  - ・相手が氏名しか名乗らない場合には
    「失礼ですが、どちらの山本様でいらっしゃいますか。」
  - ・聞き取りにくい場合は
    「恐れ入りますが、お電話が少々遠いようでございます。もう一度お願いできますでしょうか。」
- ■ 初めの挨拶

  ビジネスの場で電話の挨拶は「いつもお世話になっております。」「お世話になっております。」と言います。
- ■ 用件を聞く

  用件を聞きながら、ポイントを5W3Hでメモをします。仕事の効率を上げ、ミスを防止することに役立ちます。
  - ・**5W3H**

When	いつ
Who	誰が
Where	どこで
What	何を
Why	なぜ
How to do	どのような方法で
How many	どのくらい
How much	いくら

■ 復唱する
　用件を聞き終えたら、復唱し、聞き逃したことがないかどうか、確認をします。
「復唱させていただきます。……でよろしいでしょうか。」
　伝言を受けた場合には、用件の復唱後「私、○○部の田中が承りました。」と自分の名前を必ず伝えます。

■ 取り次ぐ場合
「○○部の山田でございますね。少々お待ちください。」と言って、電話機パネルの保留ボタンをONにします。保留にしないと、社内の声がお客様に聞こえてしまいます。急ぎ、山田課長に電話の相手の会社名と名前と用件を伝え、山田課長の指示を仰ぎます。電話に出るか出ないかは、来客応対同様、山田課長が決めます。その時の状況や内容次第で、電話に出ない場合もあります。山田課長が電話に出る場合には、電話をかわる時に「田中様、お待たせいたしました。お電話代わりました。山田でございます。」と相手に言います。電話は、顔が見えないので、自分を名乗ることが必要です。

■ 終わりの挨拶
「ありがとうございました。よろしくお願いいたします。失礼いたします。」
と言います。

■ 電話を切る
　原則、かけたほうが先に受話器を静かに丁寧に置きます。

> **Do you know ?**
>
> **間違い電話**
> 　間違い電話も丁寧に対応をすることで、間違い電話の繰り返しを防止することができます。
> 「こちらは、中央商事でございます。どちらにおかけでしょうか。」
> 「こちらは、中央商事でございます。電話番号は、1234－567×でございますが、お間違いないでしょうか。」

電話のかけ方

　会社の電話は、会社が費用を負担しています。社員が間違い電話をかけていては、電話代の無駄遣いでもあり、また間違い電話をかけられた方も迷惑をします。かける前に相手の電話番号を今一度確認をします。5W3Hをもとに用件をまとめます。用件により、電話で済ますことができるものと、直接会って伝えるほうがよいことがあります。こみ入った内容や電話では長くなりそうな内容、電話では説明しにくい内容、苦情対応などの場合には、直接会って話します。用件に関連する資料、筆記具、メモ用紙などを手元に準備をします。電話の途中で資料を探したり、とりに行くようでは、マナー失格です。かける時間にも配慮が必要です。就業時刻開始直後、終了前後、ランチタイムなどは、緊急を除き避けるようにします。

■ **相手の確認**
　原則、電話に出たほうが名乗るのがマナーですが、万一、名乗らない場合には、「失礼ですが、どちら様でいらっしゃいますか。」と確認をします。
■ **名乗る**
　自分の会社名と名前を名乗ります。「中央商事の田中でございます。」
■ **初めの挨拶**
「いつもお世話になっております。」「お世話になっております。」
■ **用件**
　話したい相手を伝えます。「恐れ入りますが、〇〇部の山田様をお願いできますでしょうか。」
■ **用件**
「先日の契約の件で、確認させていただきたいことがございます。ただ今、お時間はよろしいでしょうか。」と相手の都合を尋ねます。長くなりそうな時には、「〇分ほどよろしいでしょうか。」とおおよその所要時間を伝えます。
■ **終わりの挨拶**
「ありがとうございました。今後ともどうぞよろしくお願いいたします。失礼いたします。」

■ 電話を切る
　原則、かけたほうが先に受話器を静かに丁寧に置きます。
■ 伝言依頼
　相手が電話に出ることができない場合や社内に不在の場合には、伝言を依頼したり、帰社時間を最初に電話に出た人に確認をします。
「恐れ入りますが、伝言をお願いできますでしょうか。」
「失礼ですが、何時頃お戻りになりますでしょうか。」
「恐縮ですが、戻られましたら、○○までお電話をいただけませんでしょうか。」
　伝言を受けた側は、相手の電話番号を必ず確認します。得意先の場合もあるので「念のため、お電話番号をお知らせいただけますでしょうか。」と「念のため」という言葉を入れます。電話番号を聞いたら、復唱をし、自分を名乗ります。「復唱させていただきます。090-1234-××××、高尾商事の田中様でいらっしゃいますね。戻り次第、電話をするように申し伝えます。私同じ○○部の山本と申します。」

Do you know ?

数字・五十音・アルファベットの確認の仕方

　電話では、相手の顔が見えず、数字など聞き間違えをすることがあります。「4」と「7」は、特に間違いやすく、4は「し」ではなく「よん」、「数字のよん」、7は「しち」ではなく「なな」、「数字のなな」と言います。
「電話番号を復唱させていただきます。1234（いち、に、さん、よん）の5678（ご、ろく、なな、はち）でよろしいでしょうか」
　情報通信技術の進展により、メールアドレスやURL、ユーザーID、認証コードなどの情報を通話によって伝達する機会も多くなりました。聞き間違えや混乱を防ぐために、文字の羅列の情報伝達に、独自の通話表を揃えているところもありますが、一般的に使われている通話表（無線局運用規則14条第5項に定める通信表）は以下の通りです。
　和文：「あ」は「朝日のア」でよろしいですか。」
　英文：「お客様のメールアドレスを復唱させていただきます。アットマークの前は、アルファのA、ブラボーのB、チャーリーのC、デルタのDでよろしいでしょうか。」

和文通話表

ア	朝日のア	カ	為替のカ	サ	桜のサ	タ	煙草のタ	ナ	名古屋のナ
イ	いろはのイ	キ	切手のキ	シ	新聞のシ	チ	千鳥のチ	ニ	にっぽんのニ
ウ	上野のウ	ク	クラブのク	ス	すずめのス	ツ	つるかめのツ	ヌ	沼津のヌ
エ	英語のエ	ケ	景色のケ	セ	世界のセ	テ	手紙のテ	ネ	ねずみのネ
オ	大阪のオ	コ	子供のコ	ソ	そろばんのソ	ト	東京のト	ノ	野原のノ
ハ	はがきのハ	マ	マッチのマ	ヤ	大和のヤ	ル	留守のル	ヲ	終わりのヲ
ヒ	飛行機のヒ	ミ	三笠のミ	ユ	弓矢のユ	レ	れんげのレ	ン	おしまいのン
フ	富士山のフ	ム	無線のム	ヨ	吉野のヨ	ロ	ローマのロ	゛	濁点
ヘ	平和のヘ	メ	明治のメ	ラ	ラジオのラ	ワ	わらびのワ	゜	半濁点
ホ	保険のホ	モ	もみじのモ	リ	りんごのリ	ヰ	ゐどのヰ		

欧文通話表

A	ALAF	アルファー	H	HOTEL	ホテル	O	OSCAR	オスカー	V	VICTOR	ビクター
B	BRAVOO	ブラボー	I	INDIA	インディア	P	PAPA	パパ	W	WHISKEY	ウィスキー
C	CHARIE	チャーリー	J	JULIETTE	ジュリエット	Q	QUEBEC	キュベック	X	XRAY	エックスレー
D	DELTA	デルタ	K	KIRO	キロ	R	ROMEO	ロメオ	Y	YANKEE	ヤンキー
E	ECHO	エコー	L	LIMA	リマ	S	SIERRA	シアラー	Z	ZULU	ズルー
F	FOXTROT	フォックスロット	M	MIKE	マイク	T	TANGO	タンゴ			
G	GOLF	ゴルフ	N	NOVEMBER	ノベンバー	U	UNIFORM	ユニフォーム			

伝言メモ

　お客様から伝言を依頼されるだけではなく、社内でも伝言メモはよく活用します。正確に簡潔にまとめる伝言メモをマスターしましょう。伝言メモの基本が、様々なビジネス文書の原型になります。伝言メモ用紙は、手のひらサイズの用紙を利用します。

■ 伝言メモ事例

　大橋部長の外出中に、取引先の高尾商事の田中様より電話がありました。外出をしていることを伝えると、田中様より伝言の依頼がありました。

伝言メモ例

```
大橋部長

高尾商事の田中様より電話があり
ました。昨日の取引の件でご相談し
たいことがあるので、折り返し電話
をいただきたいとのことです。

電話番号：1234-567×
よろしくお願いいたします。

20××年5月20日（水）　14時15分
　　　　　　　　　　　　　　以上


　　　　　　　　　山田　受
```

←宛名
社内で役職がある人は、姓＋役職、役職がない人は、姓＋さん、お客様には、姓＋様を左上に書きます。「○○部長へ」の「へ」はビジネスでは不要です。

←伝言の内容
正確に、簡潔にまとめ、相手の会社名や氏名を書きます。漢字がわからない場合には、カタカナで書きます。相手が「電話をしてほしい」という伝言であれば電話番号を書きます。

←伝言を受けた日時
←伝言はここまでです、という意味で伝言を書き終えたら、次の行の右隅に「以上」を書きます。

←伝言を受けた人の名前
最後の「受」は、山田がこの伝言を受け付けたという意味です。名前だけでもかまいません。

　この伝言メモを、宛名だけ見えるように折り大橋部長のデスクの上に置きます。社内と言えども伝言内容がデスクのそばを通る人の目に触れないようにします。メモ用紙は、他の書類とまぎれてしまったり、デスクから落ちて

しまうこともあるので、置き方にも気をつけます。大橋部長が帰社したら、伝後メモがあることを伝え、口頭でも伝言内容を伝えます。

　面談中や会議中に伝言を伝えに行く時にも、口頭で伝えるのではなく、必ず伝言メモに用件を書いて渡します（▶第4章　接客中の取り次ぎ参照）。

携帯電話のマナー

　携帯電話は1人1台の時代になりました。いつでも連絡がとれる便利なツールですが、公共マナーやきめ細やかな気配り、配慮が必要です。
　会社や職種により、会社から携帯電話を支給される場合がありますが、プライベートの電話とは区別をしなければなりません。会社から支給されたものは、会社の電話と同じです。私用電話として使ってはいけません。
　原則、ビジネスの用件は、会社の固定電話から相手の会社の固定電話にかけます。緊急の場合や、先方が「携帯電話に連絡ください。」と言った場合、また外回りの多い営業職などは例外です。
　携帯電話を使う時には、固定電話同様、相手が話せる状態かどうか、確認をします。まわりに人がいれば、話を聞かれてしまう可能性もありますし、騒音がうるさいと聞こえにくくなります。運転中の携帯電話の使用は、法律で禁じられています。場合によっては、静かな場所へ移動してからかけ直すことも必要です。
　面談中は、電源はオフにします。マナーモードでも、バイブレーションにより面談の妨げになります。番号を通知設定にしておきます。着信音は、ビジネスの場にふさわしいもの、誰にでも受け入れることができものにします。
　歩きながら携帯電話を使っている人が多いですが、公共の場で利用するのはやめましょう。電車やバスなどの公共交通機関内での通話も、他の人の迷惑になるので使えません。マナーとは、人に迷惑をかけないことです。マナーは「心」です。相手を大切に思い、思いやりの気持ちを忘れないことです。自分の席の前にお年寄りや身体の不自由な方、赤ちゃん連れの方、妊婦さんなどが来ても、ゲームなどに夢中になって、席を譲ろうとしない若者が多いことは残念なことです。さらには、優先席に座って携帯電話に夢中になっている人は、自分が怪我をしたり、身体が不自由になったことを想像してください。優先席の意味を理解していない人が多いようです。海外では、優先席でなくとも、席を譲ることを幼少の頃から両親が教えます。日本の電車内で混んでいて座席が1つしかない場合には、子供を座らせお母さんが立っている光景をよく見かけますが、海外では反対で、お母さんが座り子供を立たせます。子供（幼児は別）には、小さい時から席がない場合には、立たせてトレー

ニングをさせます。お年寄りや身体の不自由な方などには席を譲るという公共マナーを小さい頃から教えます。日本も見習わなければなりません。

第 6 章
社内でのコミュニケーション

PDCAサイクル

　仕事をする上で良好なコミュニケーションをとることは、とても重要です。コミュニケーションをとるために、まず仕事がどのような流れで進んでいくのかを確認しましょう。
　事業活動における生産管理や品質管理などの管理業務を円滑に進める手法の1つ、PLAN（計画）→ DO（実行）→ CHECK（評価）→ ACTION（改善）の4段階を繰り返すことによって、業務を継続的に改善します。
　仕事は、まず、どのような成果を出すのか目標を定めて、それにそって、計画を立てます（PLAN）。その計画に基づいて実行します（DO）。計画通りに進んでいるか、想定した成果が得られているか常に検討・評価し、状況に応じて計画ややり方を見直します（CHECK）。見直した結果に速やかに対策を立て対処し、さらにこれを標準化、定着化するために行動します（ACTION）。この4段階を順次行いサイクルにつなげ、サイクルを向上させて継続的に仕事を改善していきます。仕事の完成度にかかわらず、常に評価、改善を加えて計画を立て直すことにより、仕事の目標は、より正確に、より迅速にできるようになり、業務効果は向上します。同じ仕事をするにしても、次には、さらによい成果をもたらすように、常に改善を重ねていく姿勢が必要です。

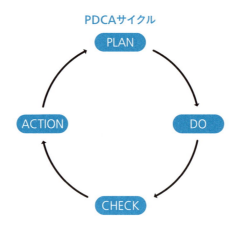

ホウ・レン・ソウ

　仕事は、指示をする人へ報告（ホウ）・連絡（レン）・相談（ソウ）が必要です。仕事を円滑に進め、成功させるために、ホウ・レン・ソウのコミュニケーションは欠かせません。

■ 報告
　仕事が完了した時、仕事の進み具合（中間報告）、緊急時、ミスをした時など報告をします。指示をした上司や先輩からたずねられる前に、報告をします。報告は、まず「結論」から、そのあと理由や経過を報告します。よくない報告は、早めに報告をします。個人の意見を述べる時には、「私は……思います。」と報告したあとに述べ、事実と混同させません。

■ 連絡
　仕事上で連絡したほうがよい事項、情報などを速やかに連絡をします。同じ仕事をする人との、情報共有も重要です。指示をした人に情報共有をすることの承認を得た上で、情報を共有します。

■ 相談
　不明な点、疑問な点、判断に迷う場合などは、その都度相談をします。相談に乗ってもらうには、問題や疑問の具体的な説明が必要です。相談したら、その後の経過、結果も必ず報告します。

「聴く」コミュニケーション

　新入社員は、長年の豊富な経験を積んだ上司や先輩の仕事の仕方を見て、自ら学ぶ姿勢が求められます。日本社会では、上下関係を重んじている会社が多く、敬う気持ち、謙虚な気持ちが必要です。上司や先輩は、指示した部下からのホウ・レン・ソウを待って、その上で、次の指示や判断を下します。ホウ・レン・ソウがないとコミュニケーションがとれなくなります。指示された仕事だけをこなしているのでは、成長もしませんし、会社に必要な社員なのか信頼関係が揺らいでいくこともあります。積極的に仕事に取り組み、ホウ・レン・ソウを実行してください。指示を受ける時、話をする時は、必ず相手の目を見て、話を「聴き」、話をします。適時、返事をしたり、相づちを打つなど、聴いている姿勢、敬意を表している姿勢を示します。

- 聴く
  集中して積極的に意識して言葉そのものの意味と相手の気持ち、感情も丁寧に耳を傾ける場合に使います。耳だけでなく、目や心を使って、注意を払い相手を理解しようとすることです。「聴く」は、耳「みみへん」、十「十分な」、目「横になった目」、心「気持ち」で成り立っていることからも理解できます。英語の"listen"です。

- 聞く
  意識しないでただ耳に入ってくる音を受け入れるという場合に使います。英語の"hear"です。

■ 指示の受け方

　上司や先輩から呼ばれたら、相手を見て明るくはきはきと「はい」という返事をします。指示や用事があり呼ばれたので、筆記具とメモ用紙を持参し、すぐ上司や先輩のところに行きます。指示、用事のポイントをメモしながら、最後まで聴きます。わからない点があれば、全て聴いたあとに質問をします。最後に指示されたことを復唱し、指示された仕事にとりかかります。

会議への参画

　会議は、戦略や方針を決める大事な場です。社内だけではなく、時には社外の人も加わり、情報交換や問題を解決するための場でもあります。出席メンバーの意見を聴き、自分の意見を伝え、積極的に参画（計画の段階から加わること）していく姿勢が必要です。

　会議の基本的な流れは、まず司会者が開会を宣言し、会議の目的を説明します。議事録（会議の記録）作成者を指示します。討議内容について意見を述べ、話し合いをします。その後、司会者が議論をまとめ、決定事項や課題を述べます。会議に出席する人は、あらかじめ会議の議題に関する資料に目を通し、自分の意見をまとめておきます。他の出席者の意見は、メモをとります。会議には、ジャケット（上着）、男性はネクタイを着用し（クールビズの季節を除く）身だしなみを整えて出席します。多くの会社では、各自ノートパソコンを会議に持参し、ノートパソコンでメモをとり、パソコン内の資料を確認しながら会議を進めます。迅速なパソコン入力は社会人として必須です。事前に紙で配布された資料があれば持参します。省エネのためにもペーパーレス化を全社的に取り組む必要があります。

　会議室の席次は、応接室と同様に出入口から遠い席が上座になります（▶第9章 ■会議室の席次参照）。

欠勤、遅刻、早退、休暇取得

　仕事は、チームを組んで遂行します。欠勤、遅刻、早退は、他の社員に迷惑をかけるだけではなく、社外にも迷惑をかけることになります。社会人として、日ごろから自己管理に気をつけなければなりません。健康な身体を維持するためには、バランスのとれた食事、適度な運動、休養が必要です。休日にめいっぱい遊んでしまうと月曜日からの1週間がきつくなります。気分転換に休日を有意義に過ごすことは大事なことですが、翌日からの仕事に支障がでるようでは社会人として失格です。

■ 欠勤

　やむを得ず、急に欠勤しなくてはならない事態が発生した場合には、始業時間10分前までに直属の上司に電話で連絡をします。やむを得ない事情を除き、電話をかけることができる状態であれば、自分で電話をします。他の人、家族が電話をすると、電話ができないほどの重病とも思われます。電話がつながらない場合にはメール連絡でもしかたがありませんが、メール送信したあと電話での連絡も必要です。欠勤をSNS（▶第10章 ■SNSの心得参照）で連絡することは避けたほうがよいでしょう。社会人として自分のことは自分で対応する意識が必要です。欠勤が頻繁にあると、自己管理能力が欠けると判断されます。日常生活の見直しが必要です。欠勤の理由を述べ、欠勤の承諾をもらいます。「休みます。」という一方的な言い方ではなく、欠勤の承諾をお願いする言い方をします。

- **欠勤の承諾依頼例**

　「おはようございます。田中です。今朝、熱が38度出てしまいました。風邪をこじらせてしまったようです。大変申し訳ございませんが、本日、お休みをいただきたいのですが、よろしいでしょうか。」

　その上で、その日自分がしなくてならない仕事を伝え、代理で頼めることがあれば、依頼をします。快復し出社できるようになったら、速やかに上司や先輩、同僚に急に欠勤をしたことのお詫びを伝えます。仕事を代理でしてくれた場合にも、お礼を伝え引継ぎをします。

■ 遅刻

　遅刻も社会人としてあってはならないことです。自己管理に加え、時間管理もできていないことになります。公共交通機関の事故や渋滞に巻き込まれる可能性も考えて、早めに家を出て会社に向かいましょう。万一、遅刻してしまう場合には、直属の上司に電話で連絡をします。遅刻理由と何時頃出社できるのか予定を伝えます。遅刻をすることで、今日の仕事に支障がないように、代理でお願いできる場合には対応を依頼します。出社次第、お詫びを伝え、仕事を代理でしてくれた場合には、お礼を伝え、引継ぎをします。

■ 早退

　早退も避けなければなりません。職場で具合が悪くなって仕事ができるような状態でない場合には、いたしかたありません。あらかじめ理由がわかる早退は、事前に上司に相談し、早退の承諾を得ます。早退をすることで、代理で仕事を頼む場合には対応を依頼します。翌日出社したら、早退のお詫びをし、仕事を代理でしてくれた社員に、お礼を伝え、引継ぎをします。

■ 休暇取得

　会社の規程にそって、法律で認められている年次有給休暇が取得できます。その他にも会社により様々な休暇制度があります。一斉休暇を除き、休暇を取得するには、あらかじめ申請と上司の承諾が必要です。繁忙期は避け、他の社員と休暇が重ならないように、仕事に支障がないようにします。休暇中に仕事を代理で頼む場合には、引継ぎを行います。休暇を終えて出社した日は、休暇取得のお礼を上司や先輩、同僚に伝え、仕事を代理で依頼した場合には、引継ぎをします。

職場で守ること

　社内で上司や先輩、同僚の噂話や陰口は、絶対に避けなくてはなりません。噂話や陰口は、次第に大きくなり、とんでもない噂になって社内に広がっていきます。会社では、年齢、価値観、仕事の仕方、考え方、役職など様々な大勢の人々が共に仕事をします。一人ひとりが、マナーやビジネスマナーを心得て、気持ちよく働くことができるようにします。様々な違いを尊重し、理解し合って、コミュニケーションをとっていくことが必要です。

■ 企業機密
　企業機密を守ることは、社会人として当然のモラルです。関係者以外に機密に関わっていることを知られてもいけません。社内、社外での書類、電話、会議、会合、会話など、家族や友人との会話でも企業機密は口にしてはいけません。電話をかける場所、機密書類の持ち歩きやコピーを取る時、機密書類の処分方法、デスク上に機密書類を残したまま離席しない、同僚などがデスクに来た時には、悟られないようにさりげなく機密書類を伏せるまたは引き出しにしまうなど、細心の注意が必要です。

■ ハラスメント
　パワハラ（パワーハラスメント）やセクハラ（セクシャルハラスメント）、マタハラ（マタニティハラスメント）などのハラスメントは、社会では許されません。性別による差別ももってのほかです。自分は冗談で言ったことも時には人を傷つけることがあります。ハラスメントの予防は、自分が嫌だと思うことは人にしないようにすること、ハラスメントと感じたら不快であるのでやめるように直接相手に伝えることです。それでも続く場合には、相手の言動について記録をつけて、上司やハラスメントの担当部署に相談をしてください。ハラスメントを放置しておくことは、会社の責任問題にもなります。ただし、なんでもパワハラだ、セクハラだと決めつけることも問題です。

■ 喫煙
　多くの会社が、社内で喫煙場所を定めています。仕事中に頻繁に喫煙場所へ行くことは避けなければなりません。喫煙者は、社外でも仕事後の飲み会や接待の席などでも同様に禁煙者へ配慮をします。海外のホテルでは、全館

禁煙も増えてきていますし、飛行機内もほとんど禁煙です。アメリカでは州により公共の建物内では完全禁煙、キャンパス内も完全禁煙の大学があります。健康のためにも喫煙はやめたほうがよいことは、様々な医療データから証明されています。それでも喫煙する場合には、マナーを守りましょう。

■ **私用の携帯電話やメール、SNS**

　仕事中は、一切、私用の携帯電話やメール、SNSなどは使用できません。勤務時間内は、会社が社員の労働に対して給料を支払っています。公私混同をしないようにしなければなりません。

■ **飲み会**

　職場の人との飲み会は、業務時間以外でのコミュニケーションがとれる絶好の機会です。親交が深まり、仕事もしやすくなることもあるでしょう。お酒が苦手な人も、乾杯は全員と同じものでグラスに口をつけるだけにして、あとはソフトドリンクで代用します。お酒好きの人は、くれぐれも一気飲みや飲みすぎには注意してください。職場の人との飲み会の場は、ゆっくり話をし、楽しい時間を過ごすためのものです。酔いつぶれることのないようにするのは当然ですが、翌日の遅刻やお酒臭いまま出勤することも、社会人として失格です。節度をわきまえ、上手にお付き合いをすることも社会人に求められます。もし、上司や先輩からご馳走になった場合には、終了時に「ご馳走様でした。ありがとうございました。」と必ずお礼を伝えます。翌朝も「昨日はありがとうございました。」とあらためてお礼を伝えましょう。飲み会の席で、上司から「今日は無礼講だから。」と言われたら、あくまでも楽しい時間を過ごしてほしいという上司の気持ちです。ここでの無礼講とは、「身分や地位の上下などを考えずに行う宴会、堅苦しい礼儀を抜きにして行う酒盛り」という本来の意味とは若干異なります。職場の人との飲み会では、上司や先輩に失礼な言動、文句や不平などは許されません。

第 7 章
プレゼンテーション

プレゼンテーションの準備

　プレゼンテーション（プレゼン）は、聴衆の前で、プロジェクターやスクリーン、パソコン、パワーポイントなどのソフトを使いながら、自分の意見や情報、企画、重要な説明を伝えます。上司への報告も同僚との意見交換もすべてがプレゼンです。プレゼンは、コミュニケーションの重要な一部です。すばらしい考えがあっても、それを伝えることができなければ、何の役にも立ちません。相手にわかりやすく正確に伝えることが重要です。

　プレゼンの目的は何か、聴衆は誰か、プレゼン時間と環境（場所、設備など）を確認します。プレゼンは、導入→本論→結論　で構成されています。

- **導入**
  自己紹介、プレゼンの目的、プレゼンの全体像を示します。
- **本論**
  プレゼンのテーマを具体的に示します。
- **結論**
  本論で特に強調したい重要な点をまとめます。その後、聴衆へお礼を伝え、質疑応答に入ります。

資料の作成

それでは、プレゼンを組み立ててみましょう。

■ **導入（スライドの表紙、1頁目）**

　表紙はシンプルに、テーマと会社名、名前を入力します。テーマは、インパクトのある、簡潔なキーワードまたは短い文章にします。テーマは大きく、その下に会社名、氏名をテーマより小さく入力します。その下に、プレゼンの日時や開催会場名を入れる場合もあります。

　自己紹介のスライドは、プレゼンの目的や、聴衆次第で準備するかどうかを決めます。自己紹介のスライドが必要な場合には、表紙のあとに自己紹介用のスライドを入れます。自分の経験などが目的であれば、自己紹介のスライドは必要です。口頭で自己紹介をする場合には、所属、役職、氏名は必須です。その他、プレゼンの目的により、仕事内容や経験、研究領域などを盛り込むとよいでしょう。

　プレゼンの目的を簡潔に伝え、聴衆に何を伝えたいのか、どのようなことを提供できるかを伝えます。結論でまとめることを序論にも盛り込むことで、聴衆がプレゼンを聴く準備ができます。

　・例
　　「皆さま、こんにちは。中央商事の田中でございます。本日はお越しいただき、ありがとうございます。これから○○についてプレゼンをいたします。このプレゼンの目的は……」このあとは簡単な自己紹介をします。

パワーポイント表紙例

```
┌─────────────────────────────┐
│                             │
│   ビジネスコミュニケーション    │
│         活用方法              │
│                             │
│                             │
│      中央商事○○部　田中一郎     │
│      20××年○月○日            │
│                             │
└─────────────────────────────┘
```

第 7 章　プレゼンテーション

■ 目次

　何を話すのか全体像を伝えます。なぜこのテーマを選んだか、関連したエピソードやデータなどで、聞き手がさらに続きを聞きたいと思いたくなるようにする重要な部分です。そのあとはプレゼンの流れを伝えます（議題）。話の流れにそってキーワードを入力し、聴衆に全体像を理解してもらうようにします。スライドの前後左右のマージン（余白）を余裕をもって作成すると見やすくなります。

目次例

目次

1. ビジネスコミュニケーションの必要性
2. ビジネスコミュニケーションが求めるもの
3. ビジネスコミュニケーションの活用
4. ……
5. 結論

■ 本論

　テーマを具体的に示します。プレゼンの中で最も時間を割く部分です。聴衆者があきることなく、興味深くわかりやすく見てもらえるように3つに絞ってまとめることがよいでしょう。例をあげると、テーマの背景、課題、改善策の3つがあります。

■ 結論

　プレゼンが終わりに近づいたことを伝えます。本論で伝えた内容、特に強調したい部分を要約します。繰り返すことで、聴衆は、このポイントがこのプレゼンで重要だと認識することができるようになります。聴衆に期待することを伝え、最後までプレゼンを聴いてもらったお礼を述べます。その後、自分のプレゼン時間を確認しながら、質疑応答に入ります。あらかじめ予想質問とその回答を考えて場合によってはスライドも準備しておく必要があります。

Do you know?

Rule of Three

　故Steve Jobs（アップル前CEO）のプレゼンが、聴衆に響くものであったことは有名です。彼が挙げるポイントは3つ、Rule of Three（3の法則）に基づくものと言われています。プレゼンで、「3」という数字は、聴衆が記憶しやすく、印象が強く残る数字で、4つ以上になると覚えにくくなり、2つでは物足りないと言われています。Jobsは、「私がこのように主張する理由を3つのポイントで述べたいと思います。」と言う使い方をしています。

プレゼンテーションのポイント

■ **スライド**

　スライド1枚あたりの文字数は最大でも70文字程度を目安にします。スライドが文字ばかりだと、聴衆は読むので精一杯で、話し手の話が耳に入らなくなります。スライドは、話し手のガイド役なので、文字はキーワード程度にして、口頭での説明を中心にします。

■ **文字フォント・行間・色彩**

　会場の環境（音響整備、広さ、スクリーンの大きさなど）にもよりますが、スライドの文字は、和文は「メイリオ　Meiryo」(Windows　Vista以降)、欧文は「segoe UI」に設定をすると見やすいと言われています。文字サイズも、最低でも20ポイント以上です。強調したい箇所は、32ポイント以上もよいでしょう。行間は、1.2行～1.4行程度です。ポップ体などは、ビジネスの場でのプレゼンには、不向きです。聴衆がスライドを見やすくするために会場を暗くする場合が多いので、暗い会場内でも文字、図表、写真などがはっきり見えるか確認します。重要なことは、聴衆誰もが「見やすい・わかりやすい・シンプル」と感じることです。

■ **1スライド1メッセージ**

　1枚のスライドには、1メッセージが原則です。1スライドに複数のメッセージを入れると、聴衆は、わかりにくくなります。3つのポイントについて重点を置いて説明する場合には、ポイントごとにスライドを作成するとよいでしょう。その場合には、1スライドにスペースが余っても、1つのスライドで複数のメッセージを入れないようにします。

■ **図表・写真・映像の活用**

　文字数を少なくし、聴衆に見やすい、わかりやすい、シンプルと感じさせるには、図表や写真、映像を活用します。プレゼン箇所の図表などがすぐに思い浮かばない場合には、これを説明するには、どのような図表ができるだろうか？　という逆の発想をしてみてください。

■ **身だしなみ**

　大勢の聴衆の前で話をするには、まず第一印象が重要です。服装や髪形など身だしなみ、立ち姿、声、視線、ジェスチャー、表情にも気をつけてくだ

さい。顔を上げて、リラックスした表情で、聴衆全体を見渡しながら、自信をもってプレゼンをしてください。聴衆の中にじっと見ていてくれる人が必ずいるはずです。その人たちに向かって話をするような気持でプレゼンをしましょう。

■ **聴衆を引きつける**

　原稿やスライドの棒読みでは、聴衆は耳を傾けてくれません。プレゼンは、聴衆の顔を見ながら行うものです。話す事柄は、スライドにポイントが書いてあるので、暗記をするのではなく、たとえ、途中で忘れてしまっても、その時にスライドを見れば、何を話すかガイドをしてくれます。そのためにも、十分な準備と練習が必要です。会場の後ろの人まで声が届くように、おなかから大きな声を出せるように発声練習も必要です。小さな声、か細い声は、聴衆には自信がない印象を与えます。キーワードは、声のトーンを上げて、話すペースをゆっくりにします。まとめのあとの最終スライドには、「ご清聴ありがとうございました。」という感謝の言葉を添えましょう。

第 8 章
訪問と接待のマナー

アポイントメントのとり方

　訪問する時には、原則、事前に相手の都合を確認しアポイントメント（▶第4章 来客を迎える参照）をとります。アポをとらずに急に訪問をしても、相手が不在の場合もあります。たとえ会社にいても、会議や面談などで会えない場合もあります。アポは、双方の時間を無駄にすることなく、面談内容の情報を事前に入手、確認することができ、面談時間を有効に使うことができます。

　アポの日時は、こちらからの希望で会っていただく場合には相手の予定を第一優先にします。あらかじめ避けたほうがよい時は、週明けや連休明けの午前中、月末や期末時期（3月末・9月末）、ランチタイムとその前後です。

　取引先などから事前のアポがなくても来訪が許される場合は、退職や転勤などの挨拶、会社の近くまで来たので立ち寄る場合、届け物の場合です。退職や転勤の挨拶は、短い時間に済ませることが多く、会議中でも場合によっては、会議を抜けて挨拶をします。お世話になった取引先の退職や転勤で、この先お会いできなくなることもあるためです。

①電話やメールで面談の用件（訪問の目的）と所要時間を伝えます。
　「○○の件で、○分程お時間をいただきたいのですが、ご都合はいかがでしょうか。」
②日時を決めます。こちらから面談（訪問）をお願いした場合には、相手の予定が第一優先です。
　「来週でご都合のよい日時をお知らせいただけますでしょうか。」
③日時が確定したら、お礼を伝えます。日時を復唱して確認します。
④同行者がいる場合には、部署、氏名を伝えます。
⑤あらかじめ準備を依頼することがあれば伝えます。

訪問

- **訪問前の準備**
    ①訪問目的の情報収集、資料、プレゼンの準備、打ち合わせの段取りを決めます。アポがとれた時間内で終わるように準備をします。
    ②アポをとってから訪問するまでに日にちが空いた場合には、前日に電話かメールでアポの再確認をします。
- **当日**
    ①持参するものを再確認します。名刺は十分に用意します。
    ②身だしなみを整えてから訪問先へ向かいます。
    ③アポの5分前には訪問先に到着するようにします。
    ④冬場にコートやマフラー、手袋など着用している場合には、訪問先の出入り口前で脱ぎ、コートは片手にかけて持ちます。夏場に、上着を脱いでいる場合には、訪問先の出入り口で着用し、汗を拭きます。
    ⑤携帯電話の電源は、面談前にはオフにします。
- **受付**
    ①受付で、会社名、氏名、アポがとれていることとアポの時間、面談相手の氏名を伝えます。はじめて訪問する時には、名刺を渡します。
    「お世話になっております。私は、中央商事の田中と申します。本日15時に営業部の山本様とお約束いただいております。お取次ぎをお願いできますでしょうか。」
    ②受付担当者が取り次ぐ間、静かに待ちます。
    ③応接室に案内されたら、すすめられた席に着席します。万一、席をすすめられなかった場合には、下座に着席します。ビジネスバッグは、自分の足元に、コートはビジネスバッグの上、もしくは自分の座席の横か後ろに小さくたたみ置きます。テーブルの上には、バッグやコートその他の荷物は置きません。
    ④面談相手が来るまでに資料、パソコン、名刺などを準備します。
    ⑤応接室では静かに待ちます。万一、室内に灰皿があっても煙草は吸いません。電話をかけたり、操作もしません。

⑥面談相手が入室してきたら、すぐに立ち上がります。挨拶、自己紹介をした後、敬礼（分離礼）をします。その後、名刺交換をし「お忙しい中、お時間をいただき、ありがとうございます。」とお礼を伝えます。

> **Do you know？**
>
> **訪問先で**
>   訪問先では、相手の「目」を常に意識し言動に注意しましょう。応接室など面談場所に案内をしていただく時に、周りをキョロキョロ見回さずに、姿勢を伸ばし前を向いてさっそうと歩きます。訪問先の社員とすれ違う時には、会釈をして「お世話になっております。」と伝えましょう。可能な限り、トイレは訪問先の最寄駅などのトイレを利用します。訪問先のトイレを利用する場合には、トイレはもちろん洗面台の髪や汚れ、水しぶきなどをテッシュペーパーで拭います。次に使う人が気持ちよく使えるように心がけましょう。

名刺

　日本のビジネス社会は名刺社会、名刺はその人自身と言われています。名刺は大事に扱います。名刺は、必ず名刺入れに入れ、いつでもすぐに出せるようにしておきます。汚れた名刺や折れた名刺は、使えません。頂戴した名刺を汚さないためにも、名刺入れは社会人の必須アイテムです。男性は上着の内ポケット、女性はバッグなどに名刺入れを入れます。名刺交換は、初めてお目にかかる人とします。外回りが多い営業職などは、名刺を切らさないように、余裕を持って発注を依頼します。発注から手元に届くまで時間がかかる場合もあります。

　名刺には、会社名、所属部署、役職、氏名、会社の郵便番号・住所・電話番号・URL・emailアドレスが記載されています。顔写真や業務内容を記載する場合もあります。裏側を英語で記載し、海外のお客様用に使い分ける場合もあります。グローバル社会では、英語の名刺も必須です。

　海外では、日本のように名刺はその人自身という感覚はありません。初めて会っても、名刺交換をしない場合も多く、取引をすることになった段階で、初めて名刺交換をすることもあります。日本人のように名刺入れを使わない人もいて、日本のような名刺交換とは異なり、少々様相が異なることもあります。日本のビジネスの場で名刺の重要性を知っている外国人が、日本でビジネスをする場合には、表側を英語で、裏側はカタカナで書かれた名刺を持参する人もいます。

■ 名刺交換

　名刺交換は、必ず起立をして行います。テーブルが間にある場合には、相手の正面に移動をして名刺交換をします。テーブルを越えて名刺交換はしません。自分の名刺を名刺入れから出して、名刺の隅を両手で持ち、胸の高さで相手に差し出します。名刺の活字が相手に見える位置で、横書きであれば横に持ち、縦書きであれば縦に持ちます。その時に名刺上の活字を指で抑えないようにします。差し出してから、「私、中央商事営業部の田中と申します。どうぞよろしくお願いいたします。」と名乗り、名刺を渡します。受け渡す順番は、訪問した人、立場が下の人から先に名刺を差し出します。上司に同

行した場合には、上司が先に名刺交換を行い、その間は、上司より一歩下がって待ち、上司が名刺交換を終えたら、自分の名刺交換を行います。

　名刺を頂戴したら、両手で受け取り、胸の位置から下げずに、相手の会社名と氏名を復唱します。「中央商事の田中様でいらっしゃいますね。よろしくお願いいたします。」と言います。次に自分の名刺を同様にして、会社名、所属、名前を伝えながら手渡します。相手も同様に受け取り復唱します。

名刺交換

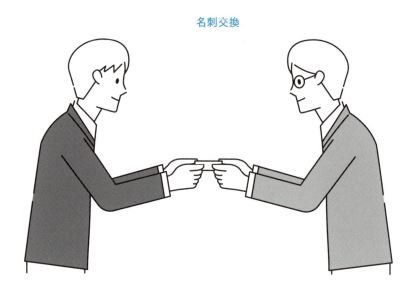

■ **名刺同時交換の場合**
　両手で自分の名刺入れの上に名刺をのせ、胸の高さに上げ差し出します。利き手で自分の名刺を持ち、相手の名刺入れの上に乗せます。相手も同様に、同時に行います。相手が自分の名刺を受け取ったら、片方の手を離して、相手の名刺が乗っている名刺入れを両手で引き寄せます。自分の会社名、所属、名前を名乗ってから、相手の会社名、所属、名前を復唱します。

■ **名刺を忘れた場合・名刺を切らしてしまった場合**
　名刺を忘れることは、ビジネスの場ではあってはならないことですが、万一、忘れた場合には、「申し訳ございません。ただ今、名刺を切らしております。」と伝え、会社名、部署名、名前をはっきり、ゆっくり名乗ります。

早い時期に次に会う予定があればその時に名刺を持参してお渡しするか、日にちが空く場合には郵送で送付することもあります。外回りが多いと多めに持参したはずの名刺もすぐになくなってしまう場合もあります。その場合にも同様に対応をします。

　名刺交換後、そのままの状態で立ち話をする場合、また頂戴した名刺をそのまま上司に持参する場合、相手の名刺を胸の位置からおろしたりせず、両手で名刺を大事に持ちます。適時、名刺入れにしまいます。

■ **名刺の整理・保管**

　名刺には、様々な個人情報が含まれています。保管には、十分気をつける必要があります。また、必要な時にすぐに取り出せるように日ごろから整理をしておきます。保管方法には、ファイリング、名刺ケース、名刺ソフトでパソコンやスマートフォンによる管理ができます。不要になった名刺は、必ずシュレッダー処理をします。個人情報が書いてあるため、ごみ箱にそのままの状態で捨てるようなことはしません。

Do you know ?

名刺の活用

　名刺の表面に記載できる内容は限られます。名刺の裏面を活用して、表面に記載されている内容を海外用に英文にしたものや会社の事業内容を箇条書きにすることもできます。相手に知ってもらいたいことは山ほどあるはずです。裏側を活用して会社や自分自身のアピールをしましょう。ただし、名刺は、小さい紙面なので一目で内容が頭に入るように文面を工夫する必要があります。また、裏面をメモとして活用する方法もあります。面談日時、場所、用件、相手の特徴や印象など書き込み備忘録として活用します。ただし、メモ書きには、鉛筆や消せるペンを利用し、いつでも書いたメモを消すことができるようにしておきましょう。

紹介

　紹介をする時には、順序があります。名刺交換は、目上の人が先ですが、紹介の場合には、目上の人が先に相手を知るようにするので、自分の会社の社員とお客様を紹介する場合には、自分の会社の社員を先にお客様に紹介します。取引先同士を紹介する場合には、より親しく付き合いのある人から紹介をします。立場や役職により目下の人から先に紹介をします。

■ **お客様を上司に紹介する場合**
　まず、お客様に上司を紹介します。
「〇〇様、こちらは、部長の大橋でございます。」
　その次に、上司にお客様を紹介します。
「大橋部長、こちらはいつもお世話になっております〇〇社の部長の〇〇様でいらっしゃいます。」

Do you know ?

海外ビジネスの場での紹介
　海外のビジネスの場で人を紹介する時も、序列（権限と組織内の階級）に基づいて行います。仕事では性別による違いはないので、紹介の順序は性別に左右されることはなく、地位の低い人を高い人に紹介します。海外では、ファーストネーム（名前）で気さくに呼び合う職場もありますが、相手から「ファーストネームで呼んでください。」と言われてからにします。それまでは、敬称のMr.やMs.を姓の前につけて呼びます。相手から礼儀知らず、なれなれしいと思われるより、慎重にしたほうが得策と言えるでしょう。紹介後に"Nice to meet you ,Mr. Holland"と相手のファミリーネーム（姓）をつけて呼びかけることで、きちんと話を聞いていたことが相手に伝わるでしょう。

接待

接待とは、お客様をもてなすことです。接待の目的は、仕事を円滑に進める、お礼やお詫び、交流を図るなどがあります。お客様が喜んでいただける接待をするには、接待の目的を明確にし、お客様の希望にそうように、事前の入念な準備が必要です。

■ 接待の準備

目的を踏まえ、予算を確認した上で、接待の内容を決めます。社内からは、招待客と同格かそれ以上の人を選びます。交通の便が良い場所、主賓の好みをあらかじめ確認し、少人数であれば個室がある接待の場所を探します。次に、先方に連絡をして、日程の調整をします。日程は、相手の都合を優先します。「ご招待したいお店があるのですが、ご都合はいかがでしょうか。」「このたびは大変お世話になりましたので、感謝の気持ちを込めてお食事にご招待したいのですが、いかがでしょうか。」と都合をお尋ねします。日程が確定したら早めに、接待会場に連絡をして人数を伝え、予約をします。あらためて、相手に、日時、接待会場の住所、電話番号、地図を通知します。事前に下見に行き、室内の様子、トイレの位置なども確認をする場合もあります。先方に苦手なもの、食べることができないものを事前に尋ね、接待会場に伝えます。接待によっては、当日帰りにお渡しする手土産を準備する場合もあります。手土産は、かさばらないもの、重たくないもの、高価すぎないものを用意します。前日に、相手に最終確認の連絡を入れます。接待会場にも同様に最終確認の連絡を入れます。経理に接待会場での支払い方法、領収書のあて先、但し書きの確認もしておきます。

■ 接待当日

早めに接待会場に到着し、お客様がお越しになるのを全員で出迎えます。室内での席次にルールがあります（▶第9章 ■席次の基本参照）。接待中は、和やかな雰囲気になるように会話の内容にも気を配ります。当日の会計は、相手の見えないところで済ませます。手土産を渡す場合は、帰り際に手渡します。全員で見送ります。タクシーやハイヤーで送迎をする場合には、終了時刻に接待会場前に到着するように手配をします。

■ 接待時の注意事項

- ・会社により接待を禁止している場合もあるので、個人の判断で接待を申込む事はできないこともあります。
- ・接待に相応しい店を選択します。チェーン店の居酒屋で接待を行なうことは避けたほうがよいでしょう。
- ・お客様を接待するための場です。自分が楽しく飲食する場ではありません。過度な飲酒により酔いつぶれてしまうなどの行為は、本人のみならず会社の信用をも失くします。飲酒は、おつきあい程度に留めておきます。
- ・お客様にも度を越えてアルコール類をすすめたり、強引に二次会に誘ったりすることは控えます。
- ・接待は、飲食を楽しみ親睦を深める場であることが前提なので、仕事に関する話題をすると場がしらけてしまいます。話題に配慮する必要があります。

■ 飲食以外の接待

　接待は、飲食以外にも、ゴルフ、カラオケ（主に二次会用）、釣り、観劇、観戦などがあります。ゴルフ接待は、お客様のハンディ、キャリアに配慮してコース選び、プレーをするグループを決めます。カラオケ接待では、お客様の希望の選曲を心がけます。釣り接待では、予め、釣れるポイントをチェックしておきます。釣りの後に、釣った魚を料理してくれたり、地元の新鮮な魚料理を食べることができるお店を選ぶとよいでしょう。観劇、観戦接待では、お客様の好みのあったチケットを手配し、枚数などに配慮します。

第 9 章
プロトコール（国際儀礼）・テーブルマナー

プロトコール

　歴史、文化、社会、風習、慣習、言語など異なる国々が、共に歩み寄り、良好なコミュニケーションをとるためには、プロトコール（国際儀礼、protocol）の知識が不可欠です。プロトコールとは、国家間の儀礼上のルールのことで、国旗の掲揚や会議の席次など細かなルールがあり、外交を推進するためには欠かせないものです。グローバル社会を迎え、誰もが納得をするルールに従い、無用の誤解を避け、真の理解を促進し、共に歩み寄り、良好なコミュニケーションをとるために、プロトコールの知識は欠かせないものとなっています。プロトコールは、時代と共に変化しており、地域や国によっても違いがあります。相手を敬い、相手に不快な思いをさせないように、状況により、臨機応変に柔軟な対応が求められます。ここでは、席次やパーティー、国旗、宗教、テーブルマナーを中心に説明をします。

■ 席次の基本

　接待の会場での席次は、応接室での席次と同様に接待される側は上座に、接待する側は下座に着席します。基本は、出入り口から一番遠い場所が上座になります。よい景色や調度品などが見やすい会場では、「景色がよいので、こちらはいかがでしょうか。」と随時対応をします。「上座・下座」は単に序列を示すものではなく、相手への気配りの表れでもあるので、お客様が上座に座るのを恐縮する場合は無理にはすすめない場合もあります。

■ 玄関でのマナー

　訪問先の玄関で靴を脱ぐケースを説明します。訪問先に素足のまま上がるのは不潔感を与え失礼な行為です。必ず、靴下か女性はストッキングを着用しましょう。玄関から入ったら体の向きは入ってきたまま変えずに靴を脱ぎます。靴を脱いで玄関に上がり、訪問先の相手にお尻を向けないように体の向きを斜めにして膝をついてしゃがみます。靴の先を玄関扉の方へ向けて揃え、揃えた靴は、下駄箱側に邪魔にならないよう置きます。和室の場合には、脱いだり履いたり手間がかかる靴やブーツをはいて行くことを避けることもマナーです。

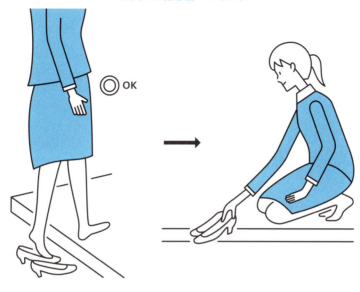

玄関から靴を脱いであがる

◎ OK

■ 和室のマナー

　和室の畳の縁や敷居（和室と廊下を仕切る横木）は踏まずに、さりげなく歩幅を調整しながらまたぎます。和室では、原則、正座です。相手から正座を崩すようにと言われたら、下座方向に足をずらします。座布団はすすめられてから使い、勝手に座布団には座りません。座布団の座り方は、座布団の下座横か後ろに正座をし、両手を座布団について、両手で支え、片膝ずつゆっくりにじり寄り（膝をついてすり寄る）ます。座布団は、前後と表裏があります。座布団は4辺のうち1辺のみ縫い目のない輪の部分があります。この1辺が前になります。また座布団の中心に縫い付けられている糸の房があるほうが、座布団の表です。房のある方を上に、さらに座布団を敷いた時に輪が膝前にくるように、座布団をすすめます。そのため、座布団は裏返しにしたり、位置を動かしたりはしません。座布団に座る時も立ち上がる時も、座布団を足で踏まないようにします。座布団は、用意する側の心が込められていると心得えます。和室での挨拶は、座布団から下りて座って行う座礼がマナーです。

座布団の座り方

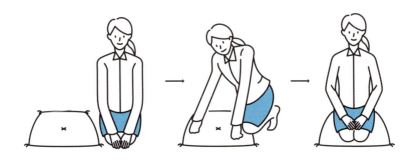

座布団の前後・表裏

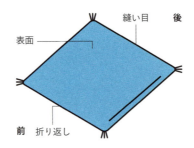

■ **和室の席次**

　和室の席次は、社内の人だけの場合と社外の人の接待の場合で、異なります。社内の宴席で長テーブルを囲む場合は、床の間の前が最上位席、その隣の席が次の上位の人の座席になります。接待の場合は、お客様は会社ごとに並んで座ります。上座の位置は、部屋の形状、出入り口の位置、テーブルなどによって変わります。また、日本庭園を見ることができる和室では、それを見ることができる側が上座となります。

　海外からのお客様を和室で接待する場合には、正座をせずに座れる掘りごたつ式のレストランを選ぶことも必要になります。海外からのお客様のほとんどは、正座はできません。

和室接待の場合の席次

和室の席次

■ **会議室の席次**

　会議室の大きさ、机の配置、会議（会合）目的、参加人数により、円卓型、対面型、コの字型、教室型があります。出入り口から遠い席から番号順に役職の高い人から着席します。

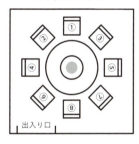
円卓型の席次

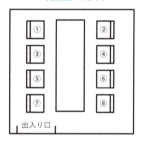
対面型の席次

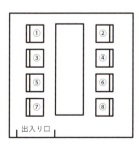
対面型の席次
（お客様が右側、自社が左側）

コの字型の席次

■ レストランの席次

格式あるレストランでは、男女交互に着席します。

格式のあるレストラン

格式あるレストランの席次

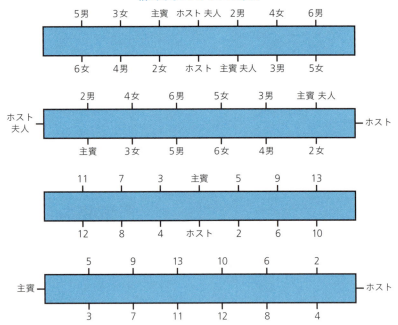

■ 車の席次

　車は、原則として、運転手の席が左、右にかかわらず、後ろの右側の席が上座になります。ただし、日本は左側通行のため、タクシーの場合には、後ろ左側のドアが自動開閉し通常そこから乗車、降車をします。そのため、後ろの右側の席は乗り降りに不便なため、お客様（または上司や先輩社員）が左側を好む場合もあります。乗用車の場合にも、日本では右側の後部座席はドアを開けると道路側になるため、他の自動車やオートバイが走行し乗り降りが危ない場合は、お客様（または上司や先輩社員）が希望する座席をご案内します。

　車の持ち主が自分で運転をする場合（専用の運転手がいない場合）には、運転する人と同格の人が運転席の横に座ります。これは、運転中でも隣の席に着席したほうが運転をしている人と話がしやすく、コミュニケーションがとれ、さらには運転する人を単に運転手とみなさず感謝と敬意が込められています。

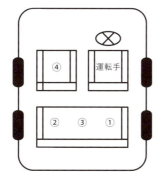
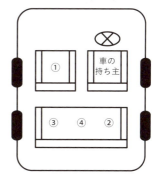

■ 電車・飛行機の席次

　電車は、進行方向に向かい景色の良く見える窓側の席が上座です。4人対面席では、上座1の人と話がしやすい向かいの席に上座2の人が着席をします。3人掛け席では、進行方向窓側が上座、中央の席は下位職が座るようにします。

　飛行機も同様ですが、長時間のフライトでは、通路側を好まれるお客様（または上司や先輩社員）もいるので、希望の席に座っていただくようにします。あらかじめ座席番号を指定できる場合には、座席の希望を確認し、騒音も考

慮し、飛行機の翼よりも前方を手配するようにします。

電車4人掛け対面席の席次

通路側 / 窓側
④ ②
③ ①
進行方向

電車3人掛け席の席次

通路側 / 窓側
② ③ ①
進行方向

■ 観光バスの席次

　社員旅行などで観光バスを利用する場合は、運転手側の一番前の眺めの良い席が上座です。役職のある上位職には、座席に余裕がある場合には、前方の2席にゆったりと着席していただきましょう。後部座席は、その他の社員が奥からつめて着席します。お客様と同乗する場合も同様です。お客様や上位職が希望の席があれば、そこに座っていただくようにします。

■ 乗り物の席次のポイント

・安全で快適な席が上座です。
・お客様（上司や先輩社員）の希望により柔軟に対応します。
・安全性が高く、景色が見やすい席は上座ですが、ドライバーと話す必要があったり、人の往来が多かったりする席（飛行機）や落ち着かない席は下座です。
・お客様（上司や先輩社員）に先に乗っていただき、荷物があれば乗り物の棚などに上げるのを手伝うこともマナーです。
・日本のタクシーのドアは自動で開閉しますが、乗り降りの際には、扉を押さえ、荷物を持つなどの気配りを忘れずに行います。また、後部座席の中央は、下位職がすわるようにします。

女性に対するスマートな配慮（Lady on the right）

　女性に対するスマートな配慮とは具体的にどのようなことでしょうか。海外のみならず、国内でも海外の方とのコミュニケーションをとる上で恥をかかないために、日頃から実行をしてみてください。

　例えば、エレベーターや乗り物の乗り降りの時に、男性は女性が先に乗り降りできるようにさりげなくエスコートします。また、建物や部屋の出入りにも、男性はドアを開けて女性が入る（出る）のをエスコートします。

　レストランでは、コートをクロークの前で脱ぎ預けます。男性は、女性がコートを脱ぐのを手伝います。女性がコートを脱ぐ際に男性は女性の後ろに回り、コートの襟の部分を持って、女性の手首あたりまで下します。女性のコートを男性が受け取り、コートは中表にたたんでクロークに預けます。預かり札を受け取り保管し、帰る時も男性が女性のコートを受け取ります。女性がコートを着る時には、コートを広げて女性が袖を通しやすくします。

　レストランでは、席まで女性が先に歩き、そのあとから男性が続きます。女性がテーブルに着席する時は、ウェイターがいない場合には、男性が上席の椅子を引き、女性が着席しやすいようにします。女性が椅子から立ち上がる時も、男性は女性の椅子を軽く引いて立ちやすくします。

　劇場では、案内係がいる場合は、女性が先に歩き、男性は後から歩きますが、案内係がいない場合や劇場内が暗い場合には、男性が先に進み女性を安全に誘導します。また、座席は、女性が上席に着席します。座席が端の場合には、女性は中の席に、男性が通路側に着席します。

　乗り物や室内では、男性は女性に席を譲ります。歩道を歩く際には、女性が内側に、男性は車道側を歩きます。

パーティー

　社交の場であるパーティーは、その目的や人数により様々な種類があります。いずれもコミュニケーションをとる場であることを第一に考えて、パーティーの場にあった身だしなみ、振る舞い、会話の内容に気をつけます。

　パーティーには、ディナーパーティー（晩餐会）、ランチョンパーティー（午餐会）、ビュッフェパーティー（立食）、カクテルパーティー、レセプションパーティーがあります。プロトコールが最も必要とされるのが、ディナーパーティーとランチョンパーティーです。多く開かれるのはレセプションパーティーとカクテルパーティーです。レセプションパーティーは、カクテルパーティーに比べ規模が大きく公式的性格がより強いとされていますが、最近では両方とも同じような意味で使われることが多くなっています。原則、座席が指定されている着席形式のパーティーの場合は、招待客は開始時刻前までに会場に到着し、終了までは辞去（別れの言葉を述べて立ち去ること）することができません。服装の指定があればそれに従います。特に指定がない場合は、平服を着用します。平服とは、「正装ではなくてよい」という意味です。普段着ではありませんので気をつけてください（▶第11章 ■慶事の服装参照）。

　ディナーパーティーは、パーティーの中で最も格式が高いパーティーです。ドレスコード（服装が指定される）に従った服装で、指定の席に着席し、フルコースのお食事をいただきます。開催時間は、夜7時半位から夜10時位までです。主賓より遅れずに開始時間の10分位前までには会場に到着をします。帰る時には、主賓や年長者よりも先に帰ることはしません。

　ランチョンパーティーも、着席しコースのお食事をいただきます。開催時間は、お昼の12時半位から午後2時半位までで、服装は平服です。

　ビュッフェパーティーは、大きなテーブルの上に置かれたお料理を自由に取っていただく形式です。時間と内容により昼、夕方、夜に開催します。立食形式で服装は平服です。料理をとるお皿には、食べる分量だけのせます。使い終わったお皿やグラスは、料理が置かれているテーブルではなく、その他のテーブルに置くかウェイターに渡します。お料理の置いてあるテーブルは、お料理をとったらそのテーブルから離れます。会場内に椅子がある場合にも、そこで限られた人とだけ飲食をするのではなく、会場内を移動し他の

出席者ともコミュニケーションをとります。開始時間までには会場に到着します。途中で辞去してもかまいません。

　カクテルパーティーは、お酒とオードブルなどでもてなすパーティーです。お食事は提供されないので、お酒を飲みながら色々な出席者と会い、話をします。レセプションよりは出席人数は少なく、気軽な雰囲気の中で、指定された時間内であれば自由に参加でき、途中で辞去することができます。服装は平服です。

　レセプションパーティーは、形式はカクテルパーティーと同じです。お酒とオードブルなどでもてなすより公的なパーティーです。開始時間までには会場に到着します。開催時刻、開催目的、趣旨にもよりますが、服装は礼服を着用します。会場出入り口に主催者やホスト（主催者側の男主人）・ホステス（主催者側の女主人）が並び、招待客一人ひとりに挨拶をして歓迎を表します。これを「レシービングライン」と呼びます。エスコートする男性は、女性が先に進むように促して、女性を主催者（ホスト・ホステス）に紹介します。ただし、公式なレセプションパーティーでは、男性が先に主催者（ホスト・ホステス）に挨拶し、その後で女性を紹介します。飲み物やオードブルなどをとる際に、女性が先にとるように配慮をします。

ドレスコード

　ドレスコードは、会合で雰囲気を壊さないように求められる服装の基準です。パーティーの招待状に以下のドレスコードが指定されている場合には、指定の服装を着用して出席をします。ドレスコードは、男性の服装を基準としているので、女性も指示された男性の服装と同格の服装を着用します。服装に迷ったら主催者や過去に出席したことのある経験者に、アドバイスを求めてみましょう。自己判断で場違いな服装で出席をしないように気をつけましょう。

■ **White tie**
　ホワイトタイと書かれていたら、非常に格式の高いパーティーです。男性は燕尾服（テールコート）、女性はローブデコルテかイブニングドレスを着用します。着物の場合には、未婚女性は大振袖、既婚女性は色留袖です。

■ **Formal** または **Black tie**
　フォーマルまたはブラックタイと書かれていたら、ホワイトタイのパーティーほどではありませんが、それに近いフォーマルなパーティーを意味します。男性はタキシード、女性はローブデコルテかイブニングドレスを着用します。着物の場合には、未婚女性は中振袖、既婚女性は訪問着です。

■ **Informal**
　インフォーマルと書かれていたら、カジュアルではありませんが、服装を指定したパーティーという意味です。男性は、ブラックまたはダークスーツ、女性はカクテルドレスを着用します。着物の場合には、付け下げ（未婚、既婚を問わず着用できる準礼装に近い着物）です。

　日本でよく見かける結婚式に男性が黒の礼服に白いネクタイを組み合わせて着用し、葬儀にはそれと同じ黒の礼服に黒のネクタイを組み合わせて着用する服装は、日本独特の習慣で海外ではこのような習慣はありません。

■ **招待状**
　英語の招待状で出欠の返事を求める場合は、招待状の最後にR.S.V.P（フランス語のRépondez s'il vous plaîtの略でお返事を下さいの意）と記入します。欠席の場合だけ返事を求めたい場合は、R.S.V.Pの下にRegrets onlyと記入します。

女性の礼装

イブニングドレス

カクテルドレス

インフォーマルドレス

男性の礼装

ホワイトタイ

ブラックタイ

モーニングコート
（正礼装：昼）

ブラックスーツ
（正礼装：昼）

なお、あらかじめ電話で出席を確認した上で招待状を出す場合は、R.S.V.Pの文字を横線で消しTo remindの文字を書き加えます。

■ 握手の仕方

　握手の習慣が少ない日本では、海外のお客様から握手を求められると、戸惑うこともあるかもしれません。しかし、海外のお客様にとって握手は挨拶の1つであり、相手に気持ちを伝えるコミュニケーションの手段です。求められた場合には恥ずかしがらずに、スムーズに応じましょう。海外のお客様には、日本式のお辞儀は無用です。状況によっては自分から握手を求めることも、親しみを表現する手段となります。ただし、握手を下位の者から求めたり、男性が女性に手を差し出すことは失礼にあたることもあるので、慣れるまでは求められた場合にだけ応じる方が無難です。"Nice to meet you"（お目にかかれて嬉しいです。）と言って握手します。この時に、相手の目をきちんと見ることが大切です。日本人は、どうしても相手の目をじっと見ることに抵抗があるようですが、目をそらすことのほうが、不誠実な悪い印象を与えます。また、相手が男性の場合は、弱弱しい握り方ではなく、力強く手を握り、女性の場合は軽く握るのがエチケットです。男性から女性に握手を求めない、または目上から握手の手を差し出す国や地域もあるので、わからない場合には、まわりの人の振る舞いを観察し、相手から求められるまではしないほうがよいでしょう。

■ 国旗

　国旗は、国を象徴する大事なもので、どの国の国旗に対しても十分に敬意を払う必要があります。国旗についての基本知識を習得することは、グローバル社会のマナーです。国旗を掲げる向きを間違えると国際問題にもなりかねません。日本の国旗は「日章旗」で、国歌は「君が代」です。国旗掲揚時には、脱帽の上、起立して国旗に向かい静止します。プロトコールでは、「右上位」という原則があるので、向かって左側が上位となります。日本では、この原則により外国国旗を向かって左側に掲揚します。アメリカ、カナダ、フィリピンなど自国国旗を上位にする国もあります。

パーティーでの紹介と自己紹介

　パーティーでは、多くの初対面の人とも会話をし、コミュニケーションをとります。ビジネスの場で紹介をする時には、下位の人を上位の人に紹介します。ビジネス以外の場では、年少者を年長者に、男性を女性に紹介します。日本のビジネスの場では、会社名と名前を最初に伝えますが、海外の人々とは、まず名前（フルネーム）を伝えます。

　自己紹介は、名前を名乗ったあとに名前の由来などを紹介すると名前を覚えてもらいやすくなります。日本語は、海外の人には聞き取りにくく、言いにくいので、簡単に発音ができるニックネームを伝え、ニックネームで呼んでくれるように伝えるとよいでしょう（▶第8章 紹介参照）。続いて、仕事や趣味など相手が印象に残るようなエピソードを入れると効果的です。相手と共通の趣味があれば、さらに話が盛り上がるでしょう。その他、好ましい話題は、気候、旅行、最近の明るいニュースや新聞記事など、相手が耳を傾けていてくれているか様子も見ながら相互の会話を楽しみましょう。避けたほうがよい話題は、政治や宗教、プライバシーにかかわること、他の人の悪口や噂話、パーティーで出されたお食事やレストラン（会場）の批判、暗い内容の話は話題にしないように気をつけましょう。

贈答

　日本人は、冠婚葬祭、季節の挨拶として贈り物や、助け合いの精神から現金を贈る習慣がありますが、海外の人は、贈る目的がはっきりしている時にのみ贈り、現金を贈る習慣はほとんどなく、現金を贈ると失礼になる場合もあるので注意をしてください。お誕生日やクリスマス、結婚などの特別な日に贈り物をします。贈り物と一緒にカードに手書きでメッセージを書きます。日本では、贈答品ののしに表書きを「粗品」と書いて（▶第11章 ■表書き参照）、自分が持参した贈答品を「つまらないものですが。」（つまらないものを渡すわけではないのに）、「お口にあいますかどうか。」と持参した贈答品を下げることで相手を敬う気持ちを伝えますが、海外では、「このプレゼントは、あなたのために一生懸命選びました。きっとあなたは喜んでくれると思って。」というような言葉をかけて渡します。また、日本では、特にビジネスの場では、渡した贈答品をその場で開けることはほとんどありませんが、海外ではもらったその場で包装した包装紙を破り、嬉しそうに感謝の気持ちを表します。国により贈答品も縁起のよいもの悪いものがあります。異文化の違いに驚くことが多いですが、相手に心のこもったものを贈り、その気持ちを伝えるという贈答の原点を忘れないようにしましょう。

宗教

　日本人は、初詣には神社でお参りをして、赤ちゃんが生まれると神社にお宮参りに行き、イエス・キリストの降誕（誕生）を祝うクリスマスには教会に行ったり友人とクリスマスパーティーを行い、結婚式は教会で行い、弔事の約8割は仏式、自宅に仏壇や神棚があったり……と聞くと、海外の人は驚く方が大勢います。

　宗教が密接に、歴史、生活、文化、政治経済などに関わっている海外の人々にとって、宗教との関わりは、非常に大きな影響を与え、歴史と共に心のよりどころとして大事にしてきています。日本人は、無宗教なのではなく、あらゆるものに神様の存在を感じ、各人の心の中で様々な形で崇める気持ちを育んできたのではないかと思います。多くの日本人が、神社にもお寺にもお参りをします。亡くなった家族や先祖のお墓参りに行きます。神様や仏様と同様に亡き家族、先祖も心のよりどころとして大事にしているのが日本人なのではと思います。

　しかし、世界中には、宗教が生活の中心になっている国々がたくさんあります。信仰している宗教により習慣やしきたりが異なります。相手の信仰する宗教を理解し、文化や習慣、慣習などを尊重する姿勢が大切です。

■ キリスト教

　キリスト教は、イエス・キリストを信仰し、聖典は、「聖書」です。日曜日は教会で礼拝（プロテスタント）やミサ（カソリック）が行われ、信者は家族そろって教会に行きます。また、食事の前に、神様に感謝をするお祈りをします。教会でのマナーは、服装は短パンなどカジュアルすぎると入場できない場合もあります。教会内で一切写真撮影が禁止されているところも少なくありません。また、「13」を不吉な数字としています。

■ イスラム教

　イスラム教は、神「アッラー」を信じる一神教で「コーラン」を聖典としています。仏教の仏像のような偶像による崇拝は禁止されています。「コーラン」に書かれたことが生活の基本となっています。女性は肌を見せてはいけないことになっています。礼拝を行うモスクへ入る時には、女性はスカー

フや肌を見せない服に着替え、男性も短パンや軽装では中に入ることができないところが多くあります。祈りの日である金曜日は、モスクへの訪問は避けるようにします。旧暦であるヒジュラ暦の第9月に行われるラマダンに断食をします。これは、24時間絶食をするのではなく、日没から日の出は唯一食事をとれる時間として設けられています。しかし、日中は、水も含めて何も口にすることはできません。断食は、宗教的な試練として、また食べ物に対するありがたみを感じさせるために行うと言われています。ラマダンの時期には、イスラム教徒の人々の前で、堂々と食べるのは控えましょう。豚は、イスラム教では不浄な生き物として扱われます。ハラルは、イスラム法において「許可された」「合法的」という意味で、ハラル料理は、イスラムの教義に則って食べることが許可されたものを指します。イスラムの教えを守っているレストランには「ハラル」のマークがあり、ムスリム（イスラム教の信者）が安心して食べることができます。イスラム教国では、飲酒禁止です。左手を不浄とし、食事の際も右手のみを使って食べます。同じイスラム国家でも地域差があります。

■ 仏教

　仏教の経典は仏教経典（多数あり）です。寺院では、男女共にノースリーブやショートパンツ、やぶれたジーンズなど露出の多い服装は、中に入れない場合もあります。寺院の中だけでなく、公共の道、交通機関の中などで僧侶を見かけても、女性は僧侶に触れてはいけません。さらにタイでは、人の頭は「精霊が宿る場所」として神聖視されています。他人の頭を触ることは大変失礼にあたるので気をつけましょう。足の裏は「不浄」とされています。寺院への参拝の際、仏前に足の裏を向けて座らないように気をつけます。他人の足の上をまたぐのも失礼な行為とされています。公共の乗り物や劇場では他人の足を通らなければならないこともありますが、一声かけて足をずらしてもらいましょう。

■ ヒンドゥー教

　ヒンドゥー教は、シヴァ神というヒンドゥー教の神様が乗っていたのが牛ということから牛を神聖な動物として扱います。農耕や運搬にも牛は欠かせない存在です。基本的にベジタリアン（菜食主義者）で、命あるものを殺生することを好みません。また、左手を不浄とし、食事の際も左手は膝の上、右手のみを使って食事をします。

制限のある食事

　世界中には、宗教上の教義や信念や健康上の理由により食べるものを制限している人が大勢います。豚肉・牛肉のエキスやスープ、豚・鰹節のだし汁でも、料理にわずかでも混入していると口にできない人もいるので気をつけなくてはなりません。相手に事前に食べることができないものについて確認をし、それに合った食事を準備します。

■ ベジタリアンの食事

　原則、肉、魚介類全般、乳製品（健康上の理由の場合。「牛乳」「クリーム」「バター」「マーガリン」「チーズ」など）（一部には根菜・球根類などの地中の野菜類）を食べません。対象国は、アメリカ、カナダ、イギリスをはじめとするヨーロッパ、インドや台湾をはじめとするアジアなど、世界中に分布します。しかし、ベジタリアンは多種多様なため、中には、鳥肉、魚肉、卵、乳製品を食べる人もいます。厳格なベジタリアンは、肉類を料理した調理器具が使われることも受けつけない人もいます。魚介類全般を食べない人は、「鰹節のだし汁」も口にすることができません。料理として鰹節そのものが出てこなくても、だし汁として使われていると見た目ではわからないことが多いので注意が必要です。この場合には、海藻（昆布）や野菜を使っただし汁を使うなどで対応します。さらに、「ブイヨン」「ゼラチン」「肉エキス」の中に、鶏・牛・豚・魚の肉や骨が使われているので、安易に使うことができません。精進料理もだし汁に鰹節を使うことが多いので注意が必要です。「バター」（牛乳の脂肪）「ラード」（豚の脂肪）「ヘット」（牛の脂肪）「魚油」「馬油」などの動物性油や、イカ、タコ、カニ、エビなども注意が必要です。「卵」は、まれに宗教上の理由から、有精卵（受精している卵）を避けて無精卵（受精していない卵）だけを食べる人もいます。健康上の理由によるベジタリアンは乳製品を食べませんが、宗教上の理由によるベジタリアン（ヒンドゥー教徒など）は乳製品を食べる人もいます。根菜・球根類などの地中の野菜類は「ジャガイモ」「にんじん」「しょうが」「にんにく」「サツマイモ」「らっきょう」「玉ねぎ」などで、掘り起こす際に小生物を殺傷することから食べることを禁じている人もいます。五葷（臭気の強い5種の野菜「ニンニク」「ヒル」「ニラ」「ラッキョウ」「ネ

ギ」）は、厳格な仏教徒とヒンドゥー教徒は、臭いが強く修行の妨げになるという理由で食べることが禁じられています。アジアのベジタリアンは、定められた日時のみ（お釈迦様が生まれた期間など）に限定してベジタリアンになる場合もあります。インドのベジタリアンは、ノンベジタリアンと食事を同席することを拒否する人もいます。宗教上の理由、健康上の理由に加え、動物の権利（アニマルライツ）や環境保全の理由でベジタリアンになる人も増えています。

■ キリスト教徒の食事

キリスト教では、基本的に飲食に関する禁止事項はほとんどありませんが、一部で、肉、アルコール類、コーヒー、紅茶などを禁止事項にしている宗派もあります。

■ イスラム教徒の食事

豚、アルコール、血液、宗教上の適切な処理が施されていない肉、うなぎ、イカ、タコ、貝類、漬け物などの発酵食品は食べません。イスラム教徒は世界中におり、特にアジア、北アフリカ、中東に多くいます。イスラム教徒は、「食材」だけではなく、「料理に付着する血液」や「（料理が調理される）厨房」、「（料理を調理する）調理器具」がイスラム教の教義に則ったものが必要です。実際には、これらのすべてを厳格に守るイスラム教徒は少数派で、牛肉、鶏肉、羊肉を食べる人もいます。魚料理は食べますが、生魚を食べる人は少ないです。見た目ではわからないもの、「ブイヨン」「ゼラチン」「肉エキス」「料理酒」「調味料（みりんなど）」「バニラエッセンス」にも十分に注意が必要です。イスラム教で適切な処理を施した食材は「ハラルミール」と言います。ハラルミールを扱っている食材店は、日本にも存在します。ハラルミールには、牛肉、マトン（1歳以上の羊肉）、鳥肉で作ります。イスラム教徒の前にワイングラスなどの酒類のグラスを置くことは、アルコールを連想させるので、あらかじめ下げておくなどの配慮が必要です。

■ ヒンドゥー教徒の食事

肉全般、牛、豚、魚介類全般、卵、生もの、五葷（ごくん）を食べません。ヒンドゥー教徒は、インドやネパールに多数います。中には、肉（鶏肉、羊肉、ヤギ肉）を食べる人も、卵だけ、魚だけ食べる人もいます。一般的に乳製品は多量に摂取します。高位のカーストや社会的地位の高い人ほど肉食を避ける傾向が強いと言われています。厳格なヒンドゥー教徒は、肉類を料理した調

理器具が使われることを避ける人もいます。宗教上・健康上の理由で、特定の日（1日や1週間など）だけ、肉食を避ける人もいます。豚は不浄な動物とみなされ、食べません。魚介類全般を食べない人には、「鰹節のだし汁」も注意が必要です。この場合には、ベジタリアンの食事同様、海藻（昆布など）や野菜を作っただし汁を利用します。「ブイヨン」「ゼラチン」「肉エキス」も注意する必要があります。「バター」「ラード」「ヘット」「魚油」「馬油」などの動物性脂も注意する必要があります。「卵」は、有精卵を避けて無精卵だけを食べる人もいます。生ものを食べる習慣はありません。自国の料理しか食べない人もいます。他人の料理や残り物を取り分けて食べることは、不浄ということで拒否します。異なるカーストと一緒に食事をすることを拒否するヒンドゥー教徒もいます。

■ 仏教徒の食事

一部の限られた人ではありますが、肉全般、牛肉、五葷（ごくん）を食べない人もいます。その場合には「ブイヨン」「ゼラチン」「肉エキス」「バター」「ラード」「ヘット」「魚油」「馬油」などの動物性脂は、調理時に注意する必要があります。

■ 食物アレルギー

食物を摂取した際に、身体が食物を異物として認識し、自分の身体を防御するために過敏な反応を起こすことがあります。健康上の理由で全く口にすることができない食材、最悪の場合には死に至ってしまう食材もあるので、事前の確認が必要です。

消費者庁は、以下の食品の表示義務について規定しています（2014年12月）。

- **特定原材料　7品目**

    えび、かに、卵、乳、小麦（食物アレルギーの症例数が多いものです。）
    そば、落花生（食物アレルギーの症状が重篤であり、生命に関わる場合もあります。）

- **特定原材料に準ずるもの　20品目（アイウエオ順）**

    あわび、いか、いくら、オレンジ、カシューナッツ、キウイフルーツ、牛肉、くるみ、ごま、さけ、さば、大豆、鶏肉、バナナ、豚肉、まつたけ、もも、やまいも、りんご、ゼラチン

テーブルマナー

　テーブルマナーは、「共に過ごす人々が、楽しく、美味しく食事をしながら、コミュニケーションをとり、気持ちの良い時間を過ごす」ためにあります。レストランの格式やまわりのお客様にも合わせ気配りができることが求められます。食事の前には、トイレをすませ、身だしなみを整えます。同席する方々に不快な思いをさせないような食べ方、話題選びにも気をつけて会話を楽しみます。

■ 和食のマナー

　背筋を伸ばしたよい姿勢で、正しい箸使いでいただきます。焼き魚、刺身、天ぷらなどの平皿や大鉢など手のひらより大きい器を除き、和食は食器を手に持っていただきます。箸を置いて、両手で胸元まで運び、左手で器の底を支え、右手を離し箸を持ちます。

箸の持ち方

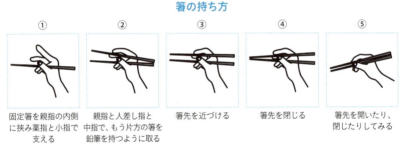

① 固定箸を親指の内側に挟み薬指と小指で支える
② 親指と人差し指と中指で、もう片方の箸を鉛筆を持つように取る
③ 箸先を近づける
④ 箸先を閉じる
⑤ 箸先を開いたり、閉じたりしてみる

箸の上げ方

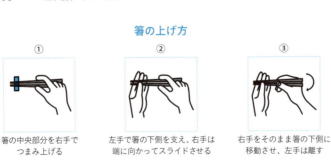

① 箸の中央部分を右手でつまみ上げる
② 左手で箸の下側を支え、右手は端に向かってスライドさせる
③ 右手をそのまま箸の下側に移動させ、左手は離す

器と箸の持ち方

箸使いのタブー

迷い箸	涙箸	立て箸	ちぎり箸
どれを食べようかと箸をうろうろさせる	箸でつまんだ料理から汁を滴らせる	ご飯に箸を立てる	箸を片手に一本ずつ持ち料理をちぎる

よせ箸	握り箸	渡し箸	探り箸
箸で器を引き寄せる	箸を持った手で器を持つ	箸を器の上に渡すように置く	箸で料理をよりわける

ねぶり箸	刺し箸	噛み箸	たたき箸
箸の先を舐める	料理を箸で突き刺す	箸の先を噛む	箸で器を叩く

拾い箸	握り箸	込み箸	違い箸
箸から箸へ料理を	箸の柄を片手で	口の中におし込む	異なった箸を使う

■ 懐紙

　茶席で使われる懐紙は、和食をいただく時にも便利なものです。着物の場合には、胸元に忍ばせ、洋服の場合には、バッグに入れて席についたらテーブルの目立たないところに置きます。西洋料理では、ナプキンを使うので懐紙は必要ありません。懐紙の使い方に決まりはありません。口元や指先の汚れを拭いたり、魚をいただく時にほぐしやすいように懐紙で魚の頭を押さえたり、魚の小骨や果物の種を口から出す時に口元にあてて使います。椀についた口紅は、指先でそっと拭いその指を懐紙でさりげなく拭います。

■ 洋食のマナー

　レストランでは、コートや大きな荷物は、クロークに預けます。その後、案内人かウェイターが席へ案内をします。空席があっても勝手に席に着席できません。ウェイターが椅子を引いてくれたら、椅子の左側から着席します。立ち上がる時も椅子の左側から立ち上がります。これは、昔、西洋では男性が食事中でも腰左に帯剣をしていたために、全員左側から出入りする原則に基づいています。西洋の序列では、右上位なので左側が下位になります。ウェイターが引いてくれた椅子が膝の後ろに触れたら、静かに腰を下ろします。背筋を伸ばし、両足を揃えます。足を組んだり、ひじをつくのはマナー違反です。バッグは、小型の薄型のものは椅子の背もたれと背中の間に置きます。その他のバッグは、椅子の右下に置きます。テーブルの上には置きません。

　西洋料理のフルコースでは、あらかじめ自分の席の正面中央に一人ひとりテーブルセッティングがされています。これらは、セッティングされた場所から動かしません。手で持ってよいものは、カトラリー（ナイフやフォーク類）、スープのブイヨンのカップ、コーヒーカップ（またはティーカップ）のみです。

　テーブルの上（お皿の上の場合もあり）のナプキンを手に取るタイミングは、主賓がナプキンを手に取ったらそれが合図です。ナプキンは、中央から2つ折りにし、山のほうを手前にして膝の上に置きます。西洋料理で口元や手が汚れた時には、自分のハンカチーフやテッシュペーパーでは拭きません。ナプキンを2つ折りにした中側で汚れをさりげなくさっと拭き、上のナプキンをかぶせれば、汚れた部分が見えなくなります。

　テーブルにセットされたカトラリーは、右側にナイフとスプーン、左側にフォーク類が並べられています。左右一対で置かれていて、料理の順番に外側から使います。間違えて使っても、ウェイターが追加を持ってきてくれ、

不用なものは下げてくれるので心配はいりませんが、グローバル時代のビジネスマナーとしてテーブルマナーは習得して下さい。

テーブルセッティング　　　　　膝の上のナプキンの置き方

テーブルセッティング

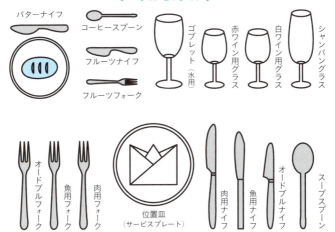

■ 西洋料理の流れ

　食事は、同席したゲストと食べるペースを合わせて、会話を楽しみながらいただきます。乾杯のシャンパン→オードブル（前菜）→サラダ→スープ→パン→魚料理→口直しのシャーベット（ソルベ）→肉料理→フルーツ→チー

ズ→デザート→コーヒー→プティフール（小さな焼き菓子やチョコレート）の順番で出ます。

　乾杯の時には、全員が起立をします。ゲストの発声の後、目の高さまでシャンパングラスを掲げます。その後、近くのゲストとグラスをぶつけずに同様に目の高さまでかざし合います。シャンパンは、冷えた状態でいただくので、ステムと言うグラスの軸の部分のみを持ちます。ワインのサービスを受ける時には、グラスは手で持ち上げず、テーブルの上に置いたまま注いでもらいます。グラスのワインがなくなると注いでくれますが、お代わりをしない場合には、グラスに軽く手をかざして着席のまま会釈をします。

　パンはオードブルの前後から肉料理まで出ます。パンはパン皿の上で一口大にちぎっていただきます。パンくずがテーブルの上に散らかってもデザートの前にウェイターがダストパン（パンくずを片付ける専用の道具）で片付けてくれるのでそのままにしておきます。魚料理には白ワイン、肉料理には赤ワインが出ます。

グラスの持ち方

ワインのお代わりを断る合図

■ **ワインのテイスティング**
　ワインを注文するとワインのボトルを開け、最初にホストにテイスティング（試飲）を求められます。ホストとして美味しいワインを提供するために、ワイングラスに少量ワインを入れ、変質していないか味や香り、色のチェックをします。確認後、全員に注がれます。

■ **ナイフとフォークの使い方**
　西洋料理では、音をたてないようにいただきます。お料理をいただいてい

る間にカトラリーをお皿に置く場合には、ナイフは刃先を手前に、フォークは背を上にして皿の上にハの字に置きます。お料理を食べ終えたら、ナイフは刃先を自分のほうに向けて、フォークは背を下にして斜めに揃えて置きます。お料理を残す時には、お皿の隅1か所にまとめておきます。魚料理や肉料理にかかっているソースは、ナイフやフォークで食べにくい場合には、一口大のパンでソースをからめていただいても大丈夫です。ナイフレスト（ナイフとフォークを置く箸置きのようなもの）がある場合には、食事の最後まで一組のナイフとフォークを使います。ナイフは刃を内側に、フォークは背を下にして揃えて置きます。ナイフやフォークを床に落とした場合には、自分で拾わずにウェイターを呼びます。

- **フィンガーボウル**

　フィンガーボウルは、ボウルに水か湯（中国料理では烏龍茶やプーアール茶）が入ったもので、手を使って食べてもよい殻付きのエビやフルーツなどと一緒に出されます。飲料用の水ではありません。指先をボウルの中に入れて軽く洗い、ナプキンの内側で拭きます。フィンガーボウルの中に、レモンの輪切りやきれいな花ビラが入っている場合もあります。

- **食事中の中座**

　食事途中で中座することは避けるのがマナーです。やむを得ない場合には、ナプキンを軽くたたんで椅子の上か椅子の背にかけて中座をしてください。これは、再び戻ってくる合図となります。食事が終わり、辞去する時には、軽くたたんでテーブルの左側に置きます。元通りにきれいにたたむと食事に満足できなかったという合図にもなるので、軽くたたむだけで大丈夫です。

第10章 ビジネスメール・ビジネス文書の基本と遠隔会議・テレワークの心得

ビジネスメールの基本

　ビジネスメール、文書共にビジネスでは欠かせないコミュニケーションツールです。ソーシャルメディアで友人に送付するものとビジネスメールは全く別のものです。ビジネス文書も同様です。

■ **メール作成前の準備**
　ビジネスメールには、件名、宛先、挨拶、名乗る、本文、結びの挨拶、署名の順で入力をします。
　メールを送付する前に送信者名を確認してください。送信者名は、メール上に件名と共に相手の受信ボックスに表示されます。送信者名がどのような表示になっているかわからない人は、自分宛にメールを送信し確認しましょう。送信者名が、メールアドレスのまま（例：yamada@××.co.jp）、苗字のみ（例：山田）、部署名のみ（例：営業部）、ニックネームや通称（例：ヤマピー）は、ビジネスメールとして失格です。ビジネスメールの送信者名は、原則、会社名と氏名（例：中央商事　山田一郎）で送付します。会社名は後ろに入力する場合もあります（例：山田一郎（中央商事））。海外とのメールには、日本語ではなく英語で会社名と名前（例：Chuo Corp. Ichiro Yamada）を入力する必要があります。次は、アドレス帳を確認してください。相手の姓名のみになっている場合（例：大橋次郎）は、「大橋次郎様」と「様」を追加します。送信されたメールアドレスをアドレス帳に自動入力すると、敬称がつかずにそのまま入力されます。このままの状態で宛先を入力すると、メールの宛先には、敬称がない呼び捨ての状態で送信されてしまいます。

■ **件名**
　用件がわかるように件名を書くことが肝心です。毎日、多くのビジネスメールや迷惑メールが届きます。セキュリティソフトを入れてもそれを潜り抜けてウィルスに感染したメールも届きます。メールは開く前にまず件名を見て、誰から何の用件かを確認した上でメールを開くかどうか判断をします。そのため件名はメールで重要な役割があります。相手が確実に開封してくれる件名を選びます。メールソフトにより件名に表示できる文字数に制限があるので、長すぎないように簡潔なキーワードを選びます。

・件名例
　第2回営業部ミーティング開催案内（営業部山田）
　10/15（水）の打ち合わせの件でご連絡（中央商事山田）

■ 宛先
　メール本文の1行目左端に会社名と部署名、2行目左端に役職名と受信する人の名前を書きます。敬称の「様」を忘れずにつけます。相手の会社名は、「(株)」と略さず「株式会社」と表記します。株式会社が会社名の前にくるか後にくるかは各会社で決めているので、間違いのないように確認をします。氏名は、フルネームのほうが、宛先による間違いもなく丁寧な印象を与えます。

・宛先例
　中央商事株式会社営業部
　山田一郎様
　　＊最後に個人名が来た場合には「様」をつけます。最後が会社名や部署名の場合には、「様」ではなく「御中」をつけます。

■ 挨拶、名乗る
　宛先のあと1～2行あけて社外のメールでは「お世話になっております。」という挨拶が一般的です。その次の行に「小山商事営業部の佐藤花子でございます。」と自分を名乗ります。

■ 本文
　名乗ったあと1～2行あけて最初にメールの趣旨を簡潔に伝えます。
「○○の件でご連絡（ご相談・ご報告・お願い・ご提案）がございます。」
　そのあと1行あけて本文に入ります。簡潔で丁寧な文章を心がけます。5W3H（▶第5章 電話の受け方参照）の文書構成で、結論から先に述べます。内容により箇条書きにすると、読む側にとっても明瞭で分かりやすくなる場合があります。1行に20字～30字（全角）、話の内容の区切りのよい所で1行空白の行を入れ改行します。
　ひらがな、全角カタカナ、半角英数字、全角英数字であれば使用できます。

■ 結びの挨拶
　本文のあと1行あけて、「よろしくお願いいたします。」が一般的な結びの挨拶です。その他にも、状況に応じて使い分けましょう。
「ご検討くださいますよう、よろしくお願いいたします。」

「今度ともどうぞよろしくお願いいたします。」
「引き続き、よろしくお願いいたします。」
　確実に返信がほしい場合には、以下のように伝えます。
「お手数をおかけいたしますが、お返事をよろしくお願いいたします。」
「ご検討いただけますようお願いいたします。お返事をお待ちしております。」

■ 署名

　署名は、簡単なプロフィールを伝えることができる役割もあります。送信者の会社名や氏名情報を、本文のあと1〜2行程度あけて入力をします。名刺と同じような情報を書きます。あらかじめ、署名欄で作成しておくと便利です。

　　会社名、部署名
　　名前（読みにくい名前は、読み仮名も入力）
　　郵便番号、住所、ビル・建物名
　　会社電話番号
　　会社ファクス番号
　　携帯電話番号
　　メールアドレス
　　会社のURL

・署名例

```
------------------------------------------------------------
中央商事株式会社
営業部　山田　一郎（Ichiro Yamada）
〒123-000×　東京都渋谷区中央1-2-×
電話：03-1234-567×
ファックス：03-1234-×678
携帯電話：090-1234-567×
メールアドレス：yamada@aa×.co.jp
URL:http://www.aaaa×
------------------------------------------------------------
```

　書き終えたら、誤字脱字も含めて、相手に伝わる文章かどうか必ず読み返

します。メールはいったん送信してしまうとすぐに相手に届きます。取返しのつかないことにならないように、見直しの作業は、丁寧に行いましょう。

■ **送信**

宛先の指定方法には2種類あります。それぞれ用途にそった使い方をします。

① **CC**（Carbon Copy）

メールの複写という意味です。CCには、宛先の人に宛てたメールを参考までに送付しておきたい相手を指定します。送信メールにCCで指定し宛先が表示されます。この場合には、メール上の最上段に宛先の下にCCで送付する人の氏名を「CC：○○様」と書きます。こうすれば、宛先の人にも、自分以外に○○様にも送信されたということがわかります。CCは、参考や情報共有など他の人にも知らせたい（例：上司など）、同時に報告したい時などに使います。CCの人は原則、返信をしません。

② **BCC**（Blind Carbon Copy）

BCCは、宛先、CCの下の欄にあります。CCは、送付した人が誰だかわかりますが、BCCに入力されたメールアドレスは、宛先やCC、他のBCCの受信者には表示されません。宛先、CC、BCCの受信者に、他の受信者がいることを隠したい場合や受信者のメールアドレスがわからないようにして送りたい場合はBCCを使用します。例えば、取引先へのメールを上司に念のため見せておきたい場合、面識がない複数の相手にメールを送る場合などで使います。複数の相手にBCC送信する場合にも使えます。その場合には、「一斉配信のためBCCで失礼いたします。」と最初に書き添えたほうがよいでしょう。

■ **転送**

次に転送の注意点を説明します。メールの転送とは、自分が受信、送信したメールを他の宛先に送る機能です。転送メールの件名の最初には、そのまま転送すれば、「Fwd：」や「Fw：」が自動的に挿入されます。これはforward（転送）を表します。転送をする時には、転送する経緯や目的を伝える必要があります。例えば、「○○商事の△△様より資料が送付されましたので、転送させていただきます。」という文章を入力します。転送してよいか迷った場合には、転送する前に、メールや添付を転送してよいかどうかを転送するメールを送付した本人に確認をする必要があります。その人は、

自分のメールが転送されるとは思っていないかもしれません。転送してよい場合でも、転送するメールや添付は、編集をしてはいけません。

　添付ファイルは、メールサーバーの容量により受信できない場合もあります。添付データの容量が2MBを越えるような場合には、送付する相手に事前に添付ファイルを送付すること伝え、相手が受け取れる環境にあるか確認をしましょう。例えば、「添付ファイルで2MBのデータをお送りしたいのですが、よろしいでしょうか。」と尋ねてください。添付ファイルを送付する時には、「添付にて〇〇の資料を送付させていただきます。」と伝えます。伝えないと相手が添付ファイルを見落としてしまうこともあるからです。

■ 開封確認

　開封確認を設定すると、相手がメールを開いたら「開封メッセージを要求しています。確認メッセージを送信しますか？」と表示され、その下に「はい」「いいえ」があるので、「はい」をクリックすると送信者に「メッセージが開封されました。」というメールが届きます。メールの返事をなかなかくれない人へ送信する時には便利な機能のように思えますが、送信者の一方的な指示であって、誤解を招くことにもなりかねません。送信者は、とても重要なメールなので開封してくれたかどうか確認したい、しかし、受信者にとっては、このメールはたいして重要ではないかもしれません。メールは、双方が時間や場所の拘束なく、気軽にメッセージを送受信できる便利なツールですが、送信者の一方的なメールと受け取られてしまう「開封メッセージ要求」は、控えたほうがよいでしょう。返事がほしい場合には、メールに「お手数をおかけしますが、お返事を頂戴できますでしょうか。」と入力し伝えたほうが、気持ちが伝わります。

メール例

送信者：中央商事　山田一郎
宛先：小山商事　田中花子様
件名：来月開催イベントの打ち合わせ（中央商事山田）

小山商事株式会社営業部
田中花子様

いつもお世話になっております。
中央商事の山田一郎でございます。

来月開催のイベントの件で、
打ち合わせをさせていただきたいのですが、
来週、ご都合はいかがでしょうか。

ご多忙中恐れ入りますが、
ご検討いただけますよう宜しくお願いいたします。

株式会社中央商事
営業部　山田一郎
〒123-4567　渋谷区中央1−1−1
電話：03-1234-567×
URL：http://www……
Mail: yamada@…….co.jp
携帯電話：090-1234-567×

SNSの心得

　SNSは、ソーシャルネットワーキングサービス（Social Networking Service）のことで、インターネット上の交流を通して社会的ネットワーク（ソーシャル・ネットワーク）を構築するサービスです。

　2003年頃にアメリカを中心に誕生し、日本でも2004年頃から次第に普及してきました。世界最大のSNSに成長したFacebookをはじめTwitter、LINE、YouTube、LinkedIn（リンクトイン）、写真投稿中心のInstagramなど、世界中に数多くのSNSが存在します。

　プライベートだけではなく仕事でも様々な人とつながることができ、活用している人も年々増加しているSNSですが、職場でのコミュニケーションツールとしての利用も増えていくにつれ、投稿する内容により誰かに不快な思いをさせている可能性もあり、仕事上の人間関係にも悪影響を与える場合があります。投稿する内容には、注意を払う必要があります。部外秘の情報の書き込みをしないことは当然ですが、知った情報を漏らすことがあってはなりません。また、仕事や上司、先輩、社員などへの愚痴や不満だけではなく、仕事の自慢話なども避けるべきでしょう。自撮り写真も時により自己主張となり避けたほうが無難です。政治や宗教に関する投稿はTPO（Time, Place, Occasion）を考えましょう。

　多くの人が加入すればするほどその利便性があるのがSNSのメリットですが、時としてそれはデメリットにもなります。気心の知れた友人同士であれば問題ない投稿でも、社内、社外でのSNSの利用は、友人とのコミュニケーション手段とは異なることを十分に理解する必要があります。例えば、Facebookの「いいね！」をしたことで、友達の友達にもプライベートの情報が流れ、拡散していくこともあるのです。仕事と関連ある情報は、SNSを使ってやり取りすることに慎重にならざるを得ないはずです。

　仕事では、原則メールを使いますが、仕事でSNSを使う時は、メール同様、社外には「〇〇株式会社　〇〇様」と宛先を書き、そのあとに自分を名乗りましょう。敬語を使い、言葉遣いにも気をつけなければなりません。

ビジネス文書

ビジネス文書には、社内文書と社外文書があります。

社内文書には、回覧文書、通知文、通達文、稟議書、始末書、報告書、出張報告書、企画書、議事録、届出文書、伝言メモなどがあります。

社外文書には、通知状、紹介状、依頼状、承諾状、督促状、注文書、請求書などがあります。その他、礼状、見舞状、紹介状、断り状、お祝い状、お悔やみ状、年賀状などの社交文書があります。

- **回覧文**
  通知事項や資料を社内で順に回覧して伝える社内文書
- **通知文**
  仕事に関する通知、連絡、案内の社内文書
- **通達文**
  上層部から発せられる重要な指示・命令事項を伝える社内文書
- **稟議書**
  作成した案を関係者や上司に回し、決裁を受けるための社内文書
- **始末書**
  事故や不始末を起こした時、そのてん末を書いて詫びるための社内文書
- **議事録**
  会議の議事の主要事項ならびに討議の状況や結果を記載した社内文書

ビジネス文書の多くは、所定の書式があります。原則、1文書には1つの用件のみ、発信年月日は、会社で指定している西暦か元号を使います。わかりやすい、簡潔な表題が必要です。原則、ビジネス文書はパソコン入力で横書き、手書きで書く場合には縦書きが一般的です。

社内文書

　社内文書は、A4用紙を縦に使い横書きです。文章は、箇条書きを活用し、わかりやすく簡潔にまとめます。社内専用の文書のため、儀礼的な表現や挨拶は不要です。語尾は、「です」「ます」調、数字はアラビア数字（1、2、3……）と漢数字（一、二、三……）を必要に応じて使い分けます。パソコン入力では、前後左右のマージンを2.5〜3.0cmに設定し、用紙の端から端までは使わず、全体を中心に寄せて入力をします。

①**文書番号**
　正式な記録を残す文書を示すもので、各部署の省略形や記号、数字を組み合わせ、会社独自に作成します。例では、営業部の頭文字「営」、そのあとに営業部が発信した年度内の何番目の書類かを表す年度初めから年度末までの連番の番号をつけます。日本の多くの会社は、4月から3月を1年としていますが、1月から12月までの会社もあります。記録に残す必要のない書類には、文書番号はつけません。

②**発信日付**
　会社所定の西暦か元号を入力します。

③**受信者名**
　同じ文書を多数に送付する場合には、一人ひとりの名前は書かずに「〜各位」を使います。「各位」は「皆様方」という敬称のため、「様」は不要です。封筒やはがきの宛名には「各位」は使えず「様」を使います。

④**発信者名**
　職名と名前を入力します。

⑤**件名**
　文書の内容を簡潔に入力します。末尾に、必要に応じて(通知)(指示)(紹介)(報告)などを入力します。

⑥**本文**
　頭語(拝啓、時候の挨拶など)は不要です。敬語は最小限にします。「です」「ます」調です。

社内文書例

営発18－00020
20○○年○月○日

営業所長各位

営業部長　中央一郎

製品A販売促進会議（通知）

　下記の通り、製品A販売促進会議を開催しますので、ご参集ください。

記

1. **日時**：5月○日（○）14時～15時30分
2. **場所**：本社第一会議室
3. **議題**：製品A販売促進について
　　なお、当日は添付資料をご持参ください。
　添付資料：営業所別売上実績3月報告書

以上

担当：本社営業部
田中　花子
（内線：123）

⑦記
「記がき」といい、本文の内容をわかりやすく箇条書きにします。時間指定がある場合は、開始時刻と終了時刻も入力します。添付資料があれば、資料名を入力します。

⑧追記
追加すること、念を押したいことがあれば入力します。追記の冒頭に「追記」「注」「なお」などを入力します。

⑨以上
本文の終わりを意味します。本文の次の行の右隅に行をあけずに入力します。

⑩担当者名
実際に社内文書を作成する人は、発信者である上司の部下が担当者となります。社内文書も含めて関連する事務を担当する人の部署名と名前を入力します。

⑪連絡先(内線番号)
内線番号を入力します。内線番号がない場合には、担当者の連絡先(emailアドレスや会社から付与されている携帯電話など)を入力します。

社外文書

　自分の会社以外の会社に送付する文書です。書式や必要な用語を使い、敬語を使います。

　　①**文書番号**
　　　重要な記録に残しておく社外文書に入力します。社交文書や私信には入力しません。
　　②**発信日付**
　　　会社所定の西暦か元号を入力します。
　　③**受信者会社名**
　　　会社名は正式名称を入力します。「㈱」のような省略形は使いません。
　　④**受信者**
　　　役職、氏名を入力します。個人名には「様」、複数宛ての場合には「各位」、会社名、団体には「御中」を入力します。
　　⑤**発信者会社名**
　　　正式名称を入力します。会社名の最後の文字に少しだけかぶせて社印を捺印します。
　　⑥**発信者名**
　　　受信者と同格の役職名、氏名を入力します。氏名の最後の文字に少しだけかぶせて個人印を捺印します。
　　⑦**件名**
　　　内容を簡潔に表します。社交文書には使いません。
　　⑧**頭語／結語**
　　　前文の前に所定の頭語を入力します。頭語で始まる場合には、必ず「結語」で結びます。

	頭語	結語
一般の往信	拝啓	敬具
一般の返信	拝復	敬具
より丁重	謹啓	敬白
急いでいる時・前文を省略する時	前略	草々

社外文書例

営発17－00031
20○○年○月○日

○○○○○○株式会社
○○○○部○○○○様

　　　　　　　　　　　　　　　株式会社○○○○
　　　　　　　　　　　　　　　○○○○部○○○○

　　　　　　新製品○○○展示会のご案内

拝啓　○○の候、貴社ますますご清栄のこととお慶び申しあげます。平素は格別のご愛顧を賜り厚く御礼申し上げます。
　さて、このたび当社は、開発を進めておりました新製品「○○○」が完成いたしました。○○○は、消費電力の40％低減と新機能の追加、性能の向上など、多くの改善を施しております。
　つきましては、下記のとおり展示会を開催いたします。是非、お立ち寄りいただきたくお願い申し上げます。
　まずは、略儀ながら書中をもちましてご案内申しあげます。
　　　　　　　　　　　　　　　　　　　　　　　　敬具

　　　　　　　　　　　　記

1. **日時**：20○○年○月○日（○）10:00〜17:00
2. **会場**：国際展示場A
   住所：〒○○○1-2-3
   電話番号：03-1234-5678
   添付資料：新製品○○○紹介、会場案内地図

　　　　　　　　　　　　　　　　　　　　　　　　以上

　　　　　　　　　　　　担当：株式会社○○○○
　　　　　　　　　　　　　　○○部　中央一郎
　　　　　　　　　　　　電話：03-8765-4321
　　　　　　　　　　　　email:chuo@××.co.jp

⑨ **前文**

定型の時候の挨拶、受信者の安否確認または健康を祝う言葉を入力します。

・**前文例**

会社宛て：早春の候、ますますご隆盛のこととお喜び申し上げます。
個人宛て：初秋の候、ますますご清栄のこととお喜び申し上げます。

時候の挨拶

月	旧暦による別名	～の候
1月	睦月（むつき）	初春・新春・厳寒
2月	如月（きさらぎ）	立春・向春・余寒
3月	弥生（やよい）	早春・春暖
4月	卯月（うづき）	陽春・晩春
5月	皐月（さつき）	新緑・薫風（くんぷう）
6月	水無月（みなづき）	梅雨・立夏
7月	文月（ふみづき）	盛夏・猛暑
8月	葉月（はづき）	残暑・晩夏・処暑
9月	長月（ながつき）	初秋・爽秋・秋涼
10月	神無月（かんなづき）	秋冷・紅葉
11月	霜月（しもつき）	晩秋・向寒・立冬
12月	師走（しわす）	初冬・寒冷・師走

⑩ **本文**

頭語、前文の次の行に改行し1文字分下げて（字下げ、インデント）入力します。一般的に「さて、」ではじまります。

⑪ **末文**

本文の次の行に改行し1文字分下げて入力します。一般的に「まずは、」で入力します。

⑫ **結語**

文章の結びの言葉です。頭語と対の決まり言葉を入力します。

⑬ **記**

「記書き」です。用件を箇条書きでまとめます。

⑭ **追伸**

追加で伝えることや念を押して伝えたいことを入力します。「なお、」「追って、」ではじめます。

⑮ **付記**
　同封物があれば、その名称と部数を入力します。
⑯ **以上**
　付記の次の行に改行し間を空けずに右端に「これで終わりです。」という意味の「以上」を入力します。
⑰ **担当者所属、氏名**
　部署名と氏名をフルネームで入力します。
⑱ **連絡先**
　外線電話番号とemailアドレスを入力します。場合により内線番号も入力します。

社交文書

　社交文書は、慶弔、見舞い、招待、案内、挨拶、お礼などの書状を言います。場合により、私信に近い性格があるのでしきたりやマナーが求められます。パソコンによるビジネス文書とは異なり、手書きで書く場合には、縦書きで文書番号や件名は不要です。日付、受信者名、発信者名を書く位置が、横書きの場合と異なります。社交文書は、送付する時期をタイミングよく、心を込めて丁寧に書きます。

社交文書例（お中元のお礼状）

拝啓　猛暑の候、貴社ますますご清祥のこととお喜び申し上げます。日頃より格別のお引き立てを賜り、厚く御礼申し上げます。

　さて、このたびはご過分なお中元の品をご恵贈いただき、ありがたく拝受いたしました。日頃より、至らぬことばかりの私どもにこのようなご厚志を賜り、厚く御礼申し上げます。

　暑さ厳しい折、皆様におかれましても、くれぐれもご自愛のほどお祈り申し上げます。

　まずは、略儀ながら書中をもって御礼申し上げます。

敬具

○年○月○日

○○○○○株式会社
代表取締役社長　○○○○○様

○○○○○株式会社
○○○○

遠隔会議の心得

　情報通信技術の進展により働く環境が大きく変わりました。時間や場所に関係なくリアルタイムで会議ができる遠隔会議は、インターネットを活用し社内コストの削減や業務効率化を実現しています。また、テレワークという働き方により、いつでも、どこでも、柔軟な働き方が可能になりました。

　遠隔会議には、ウェブ（web）会議や電話会議、テレビ会議などがあります。ウェブ会議は、資料やアプリケーションの共有を実現した情報システムの会議のことです。従来のテレビ会議とは異なり、パソコンにウェブカメラとヘッドセットを接続し、ウェブ会議用のソフトウェアを組み込んで使います。そのため、従来のテレビ会議システムのように高価な専用システムを導入する必要もなく、専用の会議室がなくても会議が可能です。これにより移動時間を費やした出張の多くも減少できるようになりました。あらかじめ遠隔会議を利用して打ち合わせをし、必要があれば現地に出張をするというパターンも有効的です。

■ **遠隔会議の心得**

　グローバル化に伴い、多くの企業が海外進出を遂げる中で、また国内でもウェブ会議は増加してきています。映像や音声だけではなく、資料などもリアルタイムで共有することができます。しかし、通信環境によっては音声や映像にラグ（遅れ、ずれ）が生じるため、face to face の通常の会議とは異なる心得が必要です。また、事前に資料を配布し熟読した上で会議に出席する必要があります。

　ウェブ会議は、会議に参加しているメンバーが、基本的にカメラに向かって話しかけるため、パソコン上の会議相手は、常に全員の方を向いています。進行役の司会者が、時間厳守で発言のタイミングを促すようにします。発言者は、誰に対して発言をしているのかを言葉で明確に伝える必要があります。発言する際は、「営業部の〇〇です。△△の件でシアトル支社の〇〇さんに質問があります。」のように、最初に名前を名乗ります。通常の会議より強い口調にならず、丁寧に、ゆっくりとわかりやすく話すように心がけます。

　パソコンのマイクは、集音性に優れていて室内全体の音を拾います。例えば、資料をめくる音やタイピングの音、エアコンの音もしっかりと拾います。それらが、他のメンバーに不快になることもあるので注意が必要です。また、「隣の会議室からのスピーカーの音が気になって仕事がしづらい」「自分のデスクでウェブ会議（ミーティング）をしている人が多く、集中できない」という声もあります。周囲への配慮やマナーが求められます。周りで働いている人がいれば、自分のデスクでウェブ会議で行うことは避けて、会議室などに移動をすることも必要です。議題次第で、聞かれたくない内容も含まれる場合もあります。双方の会話が少ない研修やeラーニング、全体会議などは、イヤフォンを利用して自席でもよい場合もあります。

　公共交通機関内でのスマートフォンは避けるのがマナーですが、他人がスマートフォンで話をしている状態、すなわち他人の会話が半分だけ聞こえる状態は、騒音とも捉えられ不愉快な要因にもなります。また、スマートフォンは普段より大きな声で話すようになり、回りの人にとって迷惑となります。これらと同様なことが、ウェブ会議でも起こります。電話をかけるのに適切な場所があるのと同じようにウェブ会議も周囲への配慮が求められます。

テレワーク (telework)の心得

　情報通信技術の進展により、遠隔会議だけではなく、職場では、これまでと異なる柔軟な働き方ができるようになりました。朝夕の満員電車に揺られる必要もなく、台風の日でも通勤せずに、インターネットとパソコンがあれば職場以外の世界中で仕事ができるようになりました。

　テレワークの「テレ」は「遠くに、離れて」、「ワーク」は「働く」という意味があります。電話telephone、電報telegram、望遠鏡telescopeなどにもtele が使われています。 会社から離れたところで情報通信技術を活用して時間や場所にとらわれない柔軟な働き方をテレワークと言います。テレワークは、働く場所により自宅利用型テレワーク（在宅勤務）、モバイルワーク、施設利用型テレワーク（サテライトオフィス勤務など）の3つに分けられます。

　1970年代アメリカ西海岸でテレワークは誕生したと言われています。アメリカでは、1980年代前半にパソコンが普及し、女性の社会進出が進み、1980年代後半になると車社会のマイカー通勤などによる大気汚染と深刻な交通渋滞混雑の緩和のため、国をあげてテレワークを推奨するようになりました。また、サンフランシスコ地震（1989年）やロサンゼルス地震（1994年）などの大規模災害や、2001年9月のニューヨークおよび米国国防省（ペンタゴン）の同時多発テロにより多くの犠牲者が出て、企業や連邦政府機関のオフィス機能が麻痺し、道路閉鎖などによる交通遮断や大渋滞により大混乱が発生しました。このような国家安全に対する緊急事態発生時においても、業務を円滑に継続し、維持する手段やリスク分散対策としても、テレワークは有効な就業形態です。欧米の企業は、テレワークを優秀な人材を確保するための企業戦略の1つとして位置づけており、一般的な就業形態となっています。

　face to face のスタイルを大切にしてきた日本では、長年、会社（職場）で仕事をするということが一般的でした。しかし、2011年3月の東日本大震災で大惨事が起きました。長い間公共交通機関も使えない地域があり、その後も長期計画停電の実施時などでテレワークは、円滑な業務実施、継続可能な就業形態として、BCP（事業継続性計画：Business Continuity Plan）の観点からも大きな関心が寄せられています。職住近接の実現による通勤負担の軽減や、仕事と生活の調和（ワーク・ライフ・バランス）の実現、パンデミック

（pandemic, 感染爆発）のような流行性疾患（インフルエンザなど）により集団で会社（職場）で働くことを避けなくてならない場合でも、インターネットを活用して自宅などで働くことができるようになりました。テレワークは、育児中、介護中の人や、障がい者や高齢者にとってもやさしい就業形態です。テレワークをする人をテレワーカーと呼びます。

　事例として日本航空株式会社の取り組み（2017年1月（一社）日本テレワーク協会「テレワーク推進賞」受賞）をみてみましょう。航空会社でテレワークと聞くと、客室乗務員やパイロットが在宅で情報通信技術を利用してどうやって仕事を……と思うでしょうか。主にデスクワークをしている社員のテレワークの取り組みです。日本航空株式会社では、2014年12月、働き方の見直しの取り組みを全社横断的に推進するための新組織「ワークスタイル変革推進室」を設置し、「在宅勤務制度」（テレワーク）をスタート、翌年に制度化しました。この取り組みの目的は、社員一人ひとりが主体的・効率的に業務に取り組み、各組織が生産性を向上させ、新たな付加価値を創造することで、社員も企業も成長し続ける企業風土を醸成するというものです。育児や介護などで仕事を継続することが困難になる社員が、育児、介護中は仕事を休むという選択肢ではなく、キャリアブランクをいかに短くし、仕事の生産性を高めるために在宅制度を活用するというものです。導入後もトライアルを繰り返し、2016年6月からは自宅以外（実家、喫茶店、図書館、マンション共有スペースなど）でもテレワークが可能になりました。デスクワーク中心の間接部門を対象に週1回の在宅勤務制度で、半日の年次有給休暇や社外における業務などと組み合わせ、1日の勤務時間のうちの一部を在宅勤務、メール申請、前日申請も可能となり、より社員が利用しやすくなりました。女性社員だけではなく、男性社員、管理職も利用しています。

■ **テレワークの心得**

　多くの企業でテレワークが利用されていますが、テレワークも遠隔会議と同様にface to faceによる通常勤務とは異なります。テレワークは、会社以外の場所で、1人で仕事をする場合がほとんどのため自己管理能力が高く求められる就業形態です。

　会社勤務のオフィスワーカーとのコミュニケーションの機会が少なくなることが想定されるので、労務管理上必要な連絡や緊急時の連絡方法についてあらかじめ決めておく必要があります。勤務日報を作成し、定期的に報告を

日本航空株式会社の在宅勤務者の1日

時刻	在宅勤務日	時刻	出社日
5:00	睡眠	5:00	睡眠
6:00	睡眠	6:00	睡眠
7:00	身の回り	7:00	身の回り
8:00	食事・休憩／身の回り	8:00	食事・休憩／身の回り
9:00	自宅で業務	9:00	通勤
10:00	自宅で業務	10:00	職場で業務
11:00	自宅で業務	11:00	職場で業務
12:00	食事・休憩／身の回り	12:00	食事・休憩
13:00	自宅で業務	13:00	職場で業務
14:00	自宅で業務	14:00	職場で業務
15:00	自宅で業務	15:00	職場で業務
16:00	自宅で業務	16:00	職場で業務
17:00	身の回り	17:00	職場で業務
18:00	趣味・娯楽	18:00	通勤
19:00	趣味・娯楽	19:00	買い物
20:00	身の回り	20:00	身の回り
21:00	食事・休憩	21:00	食事・休憩
22:00	趣味・娯楽	22:00	身の回り
23:00	趣味・娯楽	23:00	趣味・娯楽
24:00	睡眠	24:00	睡眠
25:00	睡眠	25:00	睡眠

資料出所：国土交通省都市局「平成27年度テレワーク人口実態調査結果概要」13頁

し、仕事の進捗状況や適正な勤務状況を上司に確認をしてもらいます。また、社内の通知や資料の回覧などができない場合もあるので、確実にテレワーカーに伝わるようにあらかじめ社内ルールで就業条件も含めて決めておきます。社内ルールを確実に守り、ウェブ会議などを利用して他のワーカーとコミュニケーションをとりながら、仕事を遂行していく姿勢が必要です。

　会社以外の場所で仕事をするので、情報通信システム・機器については、情報セキュリティに配慮したシステムの導入が必要です。また、テレワーカーの健康に配慮した働く環境や、セキュリティを確保することも重要です。プライバシーに配慮し、机・椅子、照明設備、空調など働く環境を整えます。メールやSNSを利用してコミュニケーションをとることが多くなるので、それらも仕事上の連絡手段としてマナーを確実に守るようにしましょう。

第11章
冠婚葬祭のマナー

冠婚葬祭

　人は誕生してから一生の間に様々な節目を迎えます。日本では、古来から儀式を大切にしてきました。冠婚葬祭とは、元服(げんぷく)・婚礼・葬儀・祭祀(さいし)のことで、人が生まれてから亡くなるまで、またその後に行われる重要な儀式の総称です。昔に比べて、簡略化されてきてはいますが、古来からの習わしに人が命を授かり生きていることに感謝する気持ちが大切です。

- 冠
  誕生から長寿の祝いを含めた儀礼のことです。もともと男子が元服の時に初めて冠をつける「加冠(かかん)の儀」を意味していました。
- 婚
  結婚に関連する儀礼のことです。
- 葬
  葬儀に関連する儀礼のことです。
- 祭
  1年の始まりである正月から12月までに年中行事に関する儀礼のことです。

　冠婚葬祭は、個人や家族の間のプライベートだけのことではなく、ビジネス社会でも行われる重要な儀式が数々あります。お祝いごと全般を慶事、葬儀関係を弔事と言い、どちらも失礼のない対応、マナーが求められます。

慶事のマナー

　ビジネス社会における慶事とは、取引先も含めた会長、社長などのトップクラスの賀寿のお祝いや就任、受賞、創立記念日、新社屋(しんしゃおく)、新工場完成などのお祝いがあります。取引先が、家族系列の会社では、社長の息子が結婚をするとなると、将来社長になる可能性があるので、結婚式に招待をされたり、結婚のお祝い品をお送りしたりすることもあります。

■ 招待状
　慶事の招待状を受け取り、返信はがきが同封されていれば、速やかに出欠の回答を返送します。すぐに回答ができない場合には、電話やメールで事情を説明しておきます。先方は、出席してほしいと思い招待状を送付してきたので、調整がつく限り出席をしましょう。

■ 祝電
　やむを得ず欠席する場合には、当日会場に祝電を送付しましょう。祝電は、NTTなどのウェブサイトや電話(115)で有料で送付することができます。送付の際には、宛名、日時など相手の情報が必要です。

■ 返信はがき表
　①返送先の郵便番号、住所、宛名が印刷されています。送り主が、自分を下げて名前の最後に「行」と書いてあるので、「行」を黒インクペンで縦に二重線で消し、左横に「様」を書きます。
　②返送先の宛名が個人名でなく、会社名や部署名だけの場合には、「行」を同じく縦に二重線で消し、左横に「御中」と書きます。これは封筒の書き方でも同様です。
　③返信はがきの住所や宛名が横書きの場合には、「行」を横に二重線で消し、上記の対応をします。

返信はがき裏　　　　　　　　　　　　　　**返信はがき表**

出席の場合　　　　　欠席の場合

  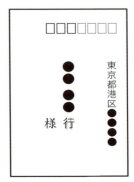

■ 返信はがき裏

　①「出席」「欠席」「御住所」「御芳名」が印刷されています。出席の場合には、「御出席」の「御」と「御欠席」を縦に二重線で消します。送り主が、招待客に対して「御」という敬語を使い敬っていますので返送の場合には、それを消します。

　②「御住所」の「御」を同じく縦に二重線で消し、招待された人の〒、住所を書きます。会社宛てで招待状が届けば、会社の住所を書きます。

　③「御芳名」の「御芳」を同じく縦に二重線で消し、招待された人の名前を書きます。

　④「御出席」「御欠席」の下の余白にお祝いの言葉と招待の御礼を一言書くとよいでしょう。

　・**出席の場合の記入例**

　「御結婚心よりお祝いを申し上げます。お招きいただきありがとうございます。喜んで出席させていただきます。」

　＊招待の場合には「出席させていただきます。」、会費制の場合には「出席いたします。」となります。

　⑤万一、欠席の場合には、余白にお祝いの言葉と欠席のお詫びと理由を簡単に書くとよいでしょう。

　・**欠席の場合の記入例**

　「御結婚おめでとうございます。あいにく当日は、海外出張のため、伺うことができません。ご多幸を心よりお祈り申し上げております。」

■ 御祝儀金・お祝い品
　御祝儀金の場合は、慶事の内容、取引先との関係などにより異なりますが、食事やお土産が提供される場合には、その金額が目安です。4や9は、「死」や「苦」を連想させるのでこの金額は避けます。お祝い品の場合は、慶事にもよりますが、「切れる」「壊れる」などを連想させるものは避けます。家屋落成や店舗開店のお祝いには、「その地にしっかり根付くように」と言う意味で蘭の鉢植えなどもよいでしょう。

■ 祝儀袋
　お祝いを現金でお渡しする場合には、現金を入れる専用の祝儀袋を使います。祝儀袋には表書きという贈る主旨を書きます。お金にお祝いの気持ちを託し、贈る人の気持ちを相手に伝える日本古来からの独特の文化です。祝儀袋の表の中央に水引という飾り紐があります。現代では、簡略化し水引が印刷された祝儀袋が多く利用されています。

　水引は未開封であるという封印の意味や魔除け、人と人を結び付けるという意味もあると言われています。贈答に使われるラッピングやリボンのようにほどくことを前提としたものとは、意味合いが異なります。品物を包む和紙の折型や水引の結び方と色により用途を使い分けます。

　水引は、昔は紙をくるくるとまいてひも状にした状態（＝紙縒り）に糊を引き、乾かして固めた飾り紐のことで、贈答品を包んだ紙の上から結んでいました。

　水引には、「結び切り」と「蝶結び」の2種類の結び方があります。「結び切り」は、堅結びで、一度結ぶとほどけないことから「二度と繰りかえさないでほしい」という気持ちが込められており、婚約や結婚の婚礼関係や全快祝い、全快内祝い、弔事全般に使います。「蝶結び」は、結び直せることから「何度あっても嬉しい」という気持ちが込められ、出産、誕生日、進学、長寿のお祝いなどに使用します。結婚は、何度も繰り返してはならないことなので「蝶結び」の祝儀袋は使えません。さらに、弔事、病気見舞いに「蝶結び」の水引を使用すると、「弔事が重なる」、「病気を繰り返す」という意味になるので蝶結びは使えません。贈る用途により水引を間違えないように注意しなければなりません。

　正式な紐の水引は、5本（3本・7本もあり）まとめたものを1本としますが、結納、結婚の時は夫婦水引といって、夫婦は2人で1組、両家が合わさると

第11章　冠婚葬祭のマナー

いう意味合いから10本にして使います。紐の水引をかける時、濃い色が向かって右側になるように結びます。古代中国の陰陽説(おんみょうせつ)に、水引結びには陰と陽があり、向って左側を「陽」、白色や銀色などの淡い色を用い、右側を「陰」、赤色・黒色・黄色や金色などの濃い色を配するのが正しい用い方とされています。

■ **慶事・弔事の水引**

金銀	左銀・右金	最も格が高く、結納、婚礼
赤白	左白・右赤	出産祝い、新築祝い、慶事全般
黒白	左白・右黒	弔事全般。京都では黒は使用しない場合があります。
黄白	左白・右黄	喪明け後の仏事、御布施。京都では葬儀も黄白を用います。
双白	左右の違いなし	神式の葬儀

■ **のし**

　古来、贈答品には贈る理由・贈り主を書き入れた「掛け紙」をかけ、「水引」でくくり、「掛け紙」の右肩に「のし(熨斗)」を添えて贈っていました。

　のしは、あわびを薄く剥いて乾かし、竹筒など円筒形のもので伸ばしたものを言います。昔から、あわびは、不老不死の妙薬、寿命を延ばす、商売繁盛として贈り物の中で高価な最高級品でした。お祝いには、あわびとお酒を持参して祝宴を催したものです。また、室町時代に武士は出陣の時、「打ちあわび」、「勝ち栗」、「昆布」の三品を肴(さかな)に酒を 三度ずつ飲みほす儀式がありました。この儀式は「三献(さんこん)の儀(ぎ)」と呼び、あわびは昔から欠かせない高級品の一つでした。打ちあわびは、あわびを剥いて干した身を打ち伸ばすことに「敵を討ちのばす」という意味が含まれていたと言われています。

　現代では、この慣習は簡略化され、「掛け紙」に「水引」と「のし」が印刷された紙を「のし紙」と呼び、贈答品にかけます。のし紙や祝儀袋の右上端、和紙に黄色い細長いものが包まれているものがのしです。

　仏教では生臭物を避けるため、弔事には、のしをつけません。不祝儀袋にはのしがついていないのはそのためです。

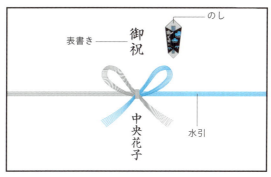

■ **あわび結び**

　「あわび結び」は、結び切りの一種で「結び切り」同様に結びを解くのが難しい結び方です。結んだ輪の部分が鮑(あわび)を表し、両端を持って引っ張るとさらに強く結ばれることから、「末永くつき合う」という意味もあります。

祝儀袋（あわび結び）

■ 表書き
　水引の上部中央に、現金を贈る主旨を簡潔に表す言葉を表書きと言います。表書きは、本来は、封書・小包・文書などの表に住所、氏名などを書くことを言います。
　結婚のお祝いの表書きは「寿」が一般的です。表書き「御祝」は、お祝い全般に使えます。その他、「祝出産」「祝入学」「祝喜寿」(77歳)「内祝」「祝御開店」「祝御全快」「快気内祝」など、贈る主旨に沿った表書きを書きます。表書き4文字を避けたい時は、5文字の表書きにしたり、「祝〇〇〇」の「祝」を少し大きく書き、そのあとに少し空けて「〇〇〇」を書く配慮しましょう。
　表書きは、毛筆か筆ペンで、祝儀には濃くはっきりと書きます。表書きが印刷されている祝儀袋もあります。

■ 贈り主の名前
　水引の下中央に、同じく毛筆か筆ペンで濃くはっきりとフルネームを書きます。贈る人が複数の場合には、祝儀袋に記載できるのは、3名までです。2名の場合、上位職の人が中央をはさんで向かって右側、下位職が左側です。3名の場合には、上位職の人が向かって右側、2番目の人が中央、3番目の人が左側に記載します。祝儀袋は、現金が入っているので、原則、相手に手渡しをします。そのため、宛名は不要です。万一、宛名を記載する場合には、水引の上段の左隅に宛名＋様をフルネームで書きます。この場合に、連名であれば、先ほどとは順番が逆になります。左側から上位職の人1番目、中央に2番目、右側に3番目になります。宛先を書いた時は、宛先から近い所に

上位職から順番に右側に書くと覚えるとよいでしょう。

　連名4名以上で、グループ名がない場合には、代表者の氏名を中央に書き、その左に少し小さくその他の人数を書きそえます。メンバーの氏名を書いたリストを祝儀袋の中に入れます。半紙や奉書紙（楮を原料とした厚手の紙）に毛筆で書くのが正式ですが、便箋にペン書きの略式でもかまいません。

　連名で会社名、部署名があれば、中心に部署名を「○○部一同」「○○課一同」「○○部有志一同」などを書き、会社名はその右側に部署名よりは少し小さく書きます。メンバーの氏名を書いたリストを祝儀袋に入れます。メンバーリストは、必ず地位の高い人から順に書きます。

祝儀袋
贈り主連名2名の場合

祝儀袋　宛名入り
贈り主連名3名の場合

第11章　冠婚葬祭のマナー

祝儀袋　連名4名以上

祝儀袋　会社名・部署名

■ **中袋**

　祝儀袋には、中に白い中袋が入っています。現金は祝儀袋には直接入れず、この中袋に入れます。慶事の場合には、「あらかじめ準備をしました」という意味を込めて、新札を準備します。新札は、銀行の窓口で無料で交換してくれます。中袋の表中央に1万円を入れる場合には、「金　壱萬円」と書きます。「金」という文字と金額は少しだけ離して、数字は、1は「壱」、2は「弐」、3は「参」の旧字の漢字で書くのが正式ですが、最近は「一」「二」「三」も可能です。中袋の裏側の左下に贈り主のフルネーム、郵便番号、住所を書きます。現金を入れた中袋を祝儀袋に入れます。

■ **祝儀袋・不祝儀袋の折り方**

　祝儀袋の裏は、慶事ではまず上側を折り下側を上に折ります。弔事ではその逆で、下側を先に折りそのあと上側を折ります。この折り方は、慶事では「おめでたいことを祝うため、天を仰ぐ」や「慶びを受ける」という説があります。弔事では「悲しいことは水に流す」という説があります。折り方を間違えないために意味も覚えておきましょう。

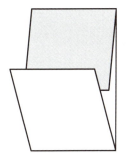
祝儀袋の裏の折り方

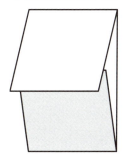
不祝儀袋の裏の折り方

■ **ふくさ**（袱紗）

　祝儀袋、不祝儀袋は、ふくさに包み大事に持参します。祝儀袋、不祝儀袋のままかばんに入れたり、上着のポケットに入れたりはしません。ふくさは、絹やちりめんの四角い布で「大切なものを汚さないように」「相手を思い、喜びや悲しみを共有する」という気持ちを表しています。暖色系の明るい色は慶事用、寒色系の暗い色は弔事用です。紫色は慶弔どちらにも使えます。慶事、弔事で包み方が異なります。

■ **ふくさの包み方**（慶事）
　①四隅が上下左右に来るようにふくさを開きます。
　②開いたふくさの中央からやや左に祝儀袋を置きます。
　③四隅の左、上、下、右の順に折りたたみます。
　④左側のはみ出した部分を内側に折ります。

ふくさの包み方（慶事）

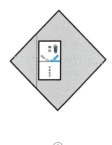
①

②

③

④

第 11 章　冠婚葬祭のマナー

■ **ふくさの包み方**（弔事）
　①四隅が上下左右にくるようにふくさを開きます。
　②開いたふくさの中央からやや右に不祝儀袋を置きます。
　③四隅の右、下、上、左の順に折りたたみます。
　④右側のはみ出した部分を内側に折ります。

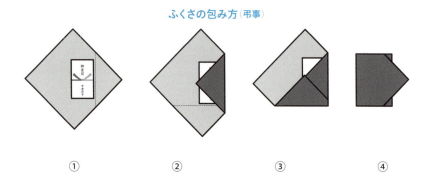

ふくさの包み方（弔事）

①　　　　　②　　　　　③　　　　　④

　ふくさに入れた祝儀袋・不祝儀袋は、受付のところでふくさから出し、ふくさをたたんでそのあとに手渡します。その際には、受付の人が表書きを見やすい向きにして両手で手渡します。

■ **台付きふくさと金封ふくさ**
　台付きふくさは、ふくさの中に台がありその上に祝儀袋、不祝儀袋をのせ、汚したり、折れたりしないようにします。また、金封ふくさは、たたむ必要がなく、祝儀袋、不祝儀袋をそのままはさみ込める財布のお札入れの形になっていて、簡略化したものです。慶事は右開き、弔事は左開きです。

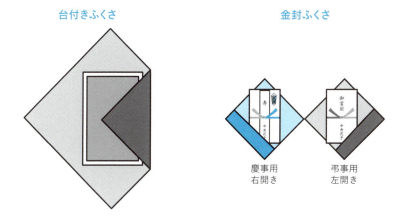

■ **慶事の服装**

　結婚式や披露宴、パーティーなどの慶事に招待された場合には、お祝いの席にふさわしい身だしなみを心がけます。

　披露宴の主役は、新郎新婦です。招待客が花嫁よりも華美な服装をするのはマナー違反です。花嫁の色である白色や弔事を連想させる上から下まで黒色の服装は避けます。参列者から好感が持てるような服装にします。

　女性は、昼間の場合は、肌の露出の少ない、無地のワンピースやスーツが基本です。アクセサリー類は、光るものや派手なものは控えましょう。夜の場合は、華やかなイブニングドレスを着用します。アクセサリー類は、光沢のあるものがよいでしょう。和装は、華やかな柄の訪問着がよいでしょう。20歳代までの未婚者は、振袖でもかまいませんが、振袖は、花嫁の服装よりも華やかさがあるので、友人同士の結婚式、披露宴では、避けてあげる心遣いも必要でしょう。靴も服装にあったヒールのある靴を選びます。バックは、披露宴会場の椅子の背もたれと背中部分における程度の小ぶりのバッグにします。

　男性は、昼夜問わず、日本ではブラックスーツを着用します。ネクタイは、白またはシルバーグレー、胸ポケットにはシルクなどの白いチーフを入れるとよいでしょう。靴も靴下も黒です。

　親族の場合、両親や祖父母は、新郎新婦や媒酌人と格を揃えます。モーニング、タキシード、黒留袖などとします。

■ 平服
　招待状に「平服でお越しください。」と書いてある場合には、ダークスーツやワンピースなど、きちんとした服装でお越しくださいという意味です。カジュアルな服装、普段着のことではありません。「正装はしなくてもよい」という意味です。仕事の時に着用するスーツよりは格上の服装です。

■ 慶事のスピーチ
　慶事の席でスピーチを依頼された場合は、出席者やスピーチの所要時間を確認し、お祝いの席にふさわしい内容を事前に準備します。披露宴のスピーチでは、新婦（新郎）の長所を盛り込んだエピソードを1つ考えます。披露宴のスピーチは、3分以内が目安です。忌み言葉や重ね言葉を入れないように入念な準備が必要です。祝電や弔電も同様です。

- 忌み言葉
    別離、再婚、不幸、不吉、死を連想させる言葉
    例）切る、分かれる、離れる、終わる、最後、出る、戻る、流れる、再び、など
- 重ね言葉
    同じことを繰り返す言葉
    例）度々、くれぐれも、皆々様、かえすがえす、重々、いろいろ、またまた、なおまた、しばしば、次々、わざわざ、再三再四、たまたま、重ね重ね、いよいよ、再々、など

　慶事の終わりを告げる時には司会者は「これで終了いたします。」とは言わず「これでお開きにいたします。」と言い「終わる」という忌み言葉は使いません。スピーチのみならず司会を担当する場合にもこれらの言葉を避けて入念な準備が必要です。

弔事のマナー

　弔事とは、死去、葬儀、法事などのお悔やみごと全般を言います。通夜、葬儀・告別式は、故人の死を悼み、冥福を祈りお別れをする厳粛な儀式です。身だしなみや言動にも注意が必要です。慶事は、あらかじめ余裕をもって通知されることが多いので、通知があってから準備をすることができますが、弔事は、急な対応が求められます。あわてないためにも日ごろからの準備が必要です。弔事は、家族、親族などのプライベートだけではなく、ビジネスの場での弔事は、取引先などの訃報（死亡の知らせ）に対して、会社として対応すべき事柄があります。葬儀のしきたりは、地域、故人や家族が信仰する宗教によって異なるため、必要な情報をあらかじめ入手しておきます。

　訃報が入ったら、以下を確認します。
　　①逝去日時
　　②通夜、葬儀・告別式の場所・日時
　　③葬儀の形式（宗教）
　　④喪主の氏名・住所・電話番号

　急な弔事にあわてないために日頃から準備をしておきましょう。
　　・喪服一式（夏用・冬用）
　　・数珠（仏式の葬儀のみ）
　　・香典
　　・不祝儀袋
　　・薄墨筆ペン
　　・ふくさ（紫色または寒色系）
　　・白色または黒色のハンカチ

第11章　冠婚葬祭のマナー

訃報の対応

■ **弔電**

通夜または告別式のどちらにも参列できない場合に手配をします。重ね言葉を使わないように気をつけます。

・**弔電例**
○○様のご逝去を悼み、心よりお悔やみ申し上げます。ご冥福をお祈りいたします。

■ **参列者**

取引先の場合には、参列者を決め、通夜に参列するか、葬儀に参列するかを決めます。

■ **香典**

取引先の場合には、香典の金額は社内の前例や規程にそって決めます。不祝儀袋は葬儀の形式を確認してから準備をします。

■ **供花**

弔意を示すために葬儀に花を贈ることがあります。この花は供花と呼ばれ、遠方で参列できない場合や香典不要の葬儀で香典代わりに贈ることもあります。故人に供える花で、死者の霊を慰めると同時に、会場を飾る意味合いもあります。香典とは別に必ず用意する必要はありませんが、弔意をより表すという意味では有効な手段です。葬儀社へ依頼する場合、まずは会場に連絡し、葬儀社を教えてもらいます。その後、葬儀社へ連絡して日程と喪主の氏名を伝え、供花を注文します。供花は個人で花屋からも手配も可能ですが、利用する葬儀社へ依頼をすると、供花を揃えてもらえ葬儀会場内の統一感を合わせてくれるので、葬儀社に依頼するほうがよいでしょう。他の供花は、通夜に間に合うように手配をします。

葬儀

　日本で行われる葬儀の約9割が仏式です。その他は、神式、キリスト教式、無宗教葬があります。

仏式の葬儀のマナー

　仏式の葬儀は、通夜、葬儀・告別式を執り行います。昔は、葬儀と告別式は、別々の儀式でしたが、近年は「葬儀・告別式」として両方を同日に行い、1時間程度で終わることが多いようです。

■ **通夜**

　通夜は「夜を通して」という意味で、本来は、葬儀の前夜に遺族、近親者がご遺体のそばで一夜を明かし、供養したり、別れを惜しむ儀式です。近年では、告別式に参列できない一般の弔問客が故人とお別れをする場にもなっており、18時頃から1～2時間程度執り行われます。亡くなった日の翌日に通夜を行うことが多いですが、亡くなった時間帯によっては、当日の夜に行うこともあります。通夜は、僧侶に読経をしていただき、遺族のあとに参列者が焼香をします。

■ **葬儀**

　葬儀は、遺族や親族が故人の冥福を祈り、死者を葬る儀式のことです。通夜の翌日、日中に執り行われます。僧侶に読経をしていただき、遺族が焼香をします。

■ **告別式**

　告別式は、弔問客である会葬者が焼香をして、故人と最後の別れをする儀式のことです。葬儀のあとに引き続き執り行われます。告別式のあとは、喪主が挨拶をし、出棺を見送ります。

■ **通夜の弔問の順序**

　①**会場到着**

　　通夜開始時刻の10分前位に到着しましょう。

　②**受付**

　　「御霊前にお供えくださいませ。」と言って香典を受付に手渡し、名前、住所などを記帳します。受付係は、通常、友人や会社の同僚などに頼

みます。香典を受け取った時には、受付係は「恐れ入ります。」「お預かりいたします。」と言います。弔事では、「ありがとうございます。」は控えたほうがよいでしょう。

③ **お悔やみ**
ご遺族に「お悔みを申し上げます。ご冥福をお祈りいたします。」とお悔やみを伝えます。仏式の葬儀は、故人を成仏させるための儀式です。僧侶がお経を唱え、参列者が焼香をし、故人の成仏を祈ります。仏式では、人の死は「人生の終焉」という考え方が主流になっているため、遺族は、故人との最後の別れを惜しみ、嘆き、悲しむものです。そのため、このようなお悔やみの言葉を伝えます。

④ **着席・焼香**
ご遺族、親族は、前方に着席しますので、一般の会葬者は後方に着席をします。僧侶の読経のあと、ご遺族、親族の焼香に続いて会葬者が焼香をします。

⑤ **通夜ぶるまい**
焼香が終わると弔問客に食事や酒がふるまわれます。これを「通夜ぶるまい」といい、お清めの意味があります。すすめられたら辞退せず受けましょう。通夜ぶるまいの部屋に故人の写真が飾ってある場合には、故人に向かって献杯をしたあと、故人を偲びながら酒食をいただきます。友人、知り合いとは大声で話をしたりせず、長居をせずに退席します。遺族は取り込んでいるので、見当たらない場合には、帰りの挨拶はしなくてもかまいません。

■ **告別式の弔問の手順**
通夜同様、受付を済ませ、香典を渡し（通夜で渡していれば不要）、記帳します。僧侶の読経のあとご遺族、親族の焼香のあとに会葬者が焼香を行い、全員で出棺を見送ります。

■ **出棺・火葬**
遺族、近親者が火葬場に向かい、火葬後骨上げを行います。その後、遺骨と位牌を安置して、僧侶に還骨法要という読経をしてもらい、遺族や近親者は、焼香をして葬儀の終了になります。

■ **初七日**
初七日の法要は、葬儀のあと1週間後に執り行っていましたが、親族に遠

方から集まってもらう負担を考慮して、火葬当日に一緒に執り行うことが増えています（繰上初七日）。初七日（または、繰上初七日）の一連の法要が済んだところで、僧侶、遺族、親族、関係者は精進落としの食事をします。これは、古来初七日の間は、精進料理を食べた習わしがあって、忌明け（喪に服する期間が終わること）の食事という意味もあります。僧侶や関係者をねぎらう宴席でもあり、感謝の気持ちを忘れずに、故人を偲んで会食をします。

キリスト教の葬儀のマナー

　キリスト教には様々な宗派があります。プロテスタントでは、牧師による仏式の通夜にあたる「前夜式」、葬儀・告別式にあたるものは「告別式（教会でする場合には「教会葬」）」が行われます。カトリックでは、仏式の通夜にあたるものはなく、神父による葬儀・告別式にあたる「ミサ」が行われます。キリスト教では、死は永遠の命の始まりであり、地上での罪を許され、神様により天に召される、祝福されるいう考えがあるのでお悔やみは述べません。「天に召された〇〇様の平安をお祈りいたします。」「寂しくなると思いますが、神様の平安がありますように。」などとご遺族に伝えます。

■ **プロテスタントの葬儀の手順**

・前夜式
参列者着席⇒開式（牧師）⇒賛美歌の合唱（参列者全員）⇒聖書朗読（牧師）⇒お祈り（牧師）⇒感話（牧師）⇒献花（参列者全員）⇒賛美歌の合唱（参列者全員）⇒閉式（牧師）

・告別式（教会葬）
参列者着席⇒棺の入場⇒遺族入場⇒開式（牧師）⇒聖書朗読（牧師）⇒お祈り（牧師）⇒賛美歌の合唱（参列者全員）⇒感話（牧師）⇒弔辞・弔電の披露（担当者）⇒賛美歌の合唱・黙祷（参列者全員）⇒献花（参列者全員）⇒遺族挨拶（代表）⇒閉式（牧師）

■ **香典**

　亡くなった方に供える金品を「香典」と言います。また、故人の家族への支援や葬儀費用の相互扶助の目的もあるとされています。「香料」とも言われます。「香」の字が用いられるのは、香・線香の代わりに供えるという意味です。すなわち、香や線香を故人にたむける仏式では「香典」「香料」と言いますが、神式は「御玉串料」「御榊料」、キリスト教は「御花料」と言います。

香典は、不祝儀袋に入れてふくさに包み、通夜あるいは告別式の時に持参します。香典の金額は、故人や遺族との関係によって異なります。目安は、友人、知人、仕事関係は、5,000円、親しい友人、親戚は10,000円です。会社関係は、社内の前例や規程があるので、上司とも相談をします。

■ **表書き**

　葬儀を執り行う宗教により表書きが異なります。仏式の場合には「御霊前」「御香典」「御香料」、神式の場合には「御霊前」「御玉串料」「御榊料」「御神前」、キリスト教の場合には「御霊前」「御花料」を使います。

　気をつけなければならない表書きは、仏式で「御霊前」が使えるのは四十九日の法要前までで、四十九日の法要以降は「御霊前」が使えず「御仏前」「御香料」とします。これは、仏教では人が亡くなると霊になり、四十九日の法要が終わると成仏して極楽浄土に行くとされていて、納骨も四十九日の法要に行うのも成仏したという考え方があるからです。そのため、四十九日の法要以降は、「御霊前」ではなく「御仏前」となります。仏式の中でも浄土真宗は、葬儀の時から「御仏前」を使います。浄土真宗は、死後すぐに成仏するとされていて「御霊前」は使いません。仏式の宗派が事前にわからない場合には「御香料」と書くとよいでしょう。キリスト教は、「御ミサ料」はカトリックのみに使えます。無宗教葬の場合には「御花料」が多いですが、表書きにも特に決まった形式はありませんので、「御霊前」でもよいでしょう。

■ **不祝儀袋**

　弔事の水引は、これ以上ないようにという結び切りです。不祝儀袋の右下に、はすの花が印刷されていたり浮彫になった不祝儀袋は、はすの花は仏教の花なので仏式のみに使います。キリスト教の場合には、水引がなく、白百合や十字架などが印刷された市販のキリスト教専用の不祝儀袋を利用したほうがよいでしょう。

　表書き、名前、金額は、薄墨で書くのが一般的ですが、地域により薄墨を使わないところもあります。薄墨にする理由は諸説あり、「悲しくて涙が止まらず、硯（すずり）で墨をすっても涙で墨が薄まってしまいました。書いた字もにじんでしまいました」「突然の不幸に十分に墨をする時間も惜しく、急ぎかけつけました」という意味があるとも言われています。本来は、墨はしっかりすって濃い文字を書くものですが、薄く書くことで気持ちを表す日本人の心

が表れているように思います。

　不祝儀袋の中袋に入れるお札は、弔事では新札は使いません。新札は準備をする必要があるのであらかじめ死の準備をしていたということになるからです。しかし、しわくちゃのお札は失礼になります。新札に取り換える時間があれば銀行で取り換えて、それに一度折り目を入れると新札ではなくなります。取り換える時間がなければ、できる限り汚れていないお札を使います。

　中袋には、表に金額を書き、裏に郵便番号、住所、氏名を書きます。裏側に金額を記入するようになっている場合には、裏側に金額を書きます。

不祝儀袋 神式

不祝儀袋 キリスト教式

無宗教葬

　宗教にとらわれず、無宗教を希望する葬儀もあります。例えば、黙祷に始まり、故人の好きだった曲を流し、その曲の演奏にあわせて歌い、思い出の写真や映像を映しながら、故人を悼みお別れの言葉を伝え、献花を行うなどをします。無宗教の葬儀の場合は、不祝儀袋の表書きは「御花料」「御霊前」と書くのが一般的です。

■ 葬儀の服装

　通夜の弔問に喪服を着て行くと「亡くなるのを待っていた」(＝喪服を準備していた) という理由で、通夜には喪服は来て行くべきではないと言われています。しかし、葬儀・告別式に参列できない場合もあり、また故人との最後のお別れを喪服でという場合もあるでしょう。事前に喪服に着替える時間があれば、喪服を着用してもかまいません。喪服を着用することができない場合には、女性は黒か地味な色のスーツやワンピースを着用し、化粧や装身具は控えます。男性は、ダークスーツに黒ネクタイ、白ワイシャツ、黒靴下を着用します。

　葬儀・告別式には、故人との最後のお別れの儀式なので、喪服を着用するのが礼儀です。女性は、黒のスーツやアンサンブル、ワンピースを着用します。夏場でもひじがかくれる長袖を選び、肌を露出することは避けます。スカートの長さも短すぎるものは避け、ひざが隠れる丈がよいでしょう。長い髪の場合には、1つにまとめましょう。化粧は控えめにします。装身具 (Mourning Jewelry) としてジェット、パール、オニキスの一連のネックレス、

ピアスまたはイヤリングのみ可能です。二連以上の装身具は、不幸が重なることを連想させるので避けます。結婚指輪以外の指輪ははずしていくのがマナーです。ストッキングは黒色、冬場でもタイツ（厚地のもの）は不可です。靴やバッグの素材は、殺生を連想させる革製品は避けて布製が正式です。布製を持っていない場合には、黒のプレーンなパンプスの皮靴でもよいでしょう。サンダルやミュールはマナー違反です。男性は、ブラックスーツ、白無地のワイシャツ、黒ネクタイ、黒靴下、黒靴の略礼服です。

宗教別の作法

仏式

抹香焼香または線香焼香を行います。

- **抹香焼香の仕方**
    ①祭壇に進み、僧侶と遺族に一礼をします。
    ②遺影に最敬礼のお辞儀をします。手を合わせ合掌します。
    ③右手の中指、人差し指、親指の3本で抹香を軽くつまみます。
    ④軽くうつむきながら3本の指を目の位置までおしいただきます（目の高さに上げます）。
    ⑤抹香を香炉にくべます（香炉に抹香を入れます）。
    ⑥③～⑤の動作を宗派により1回か3回行います。
    ⑦遺影に向かい手を合わせ合掌し冥福を祈ります。
    ⑧僧侶と遺族に一礼し席に戻るか退場します。
- **線香焼香の仕方**
    ①祭壇に進み、僧侶と遺族に一礼します。
    ②遺影に最敬礼のお辞儀をします。手を合わせ合掌します。
    ③線香を1本か3本（宗派による）右手で取り、ろうそくにかざして火をつけます。
    ④線香の炎を左手で仰ぎ消します。口で息を吹きかけてはいけません。
    ＊人間の息は「不浄の息」と言われ、供養のための線香を人間の息で消すことはできません。
    ⑤線香の炎が消えたら、香炉に立てます。
    ⑥遺影に向かい手を合わせ合掌し、冥福を祈ります。
    ⑦僧侶と遺族に一礼し席に戻るか退場します。
- **数珠（じゅず）**

　仏教には様々な宗派があり、それぞれ異なる教義や本尊が存在しています。数珠は、仏教の信仰や仏事には欠かせない仏具（法具）です。各宗派によって仕立てが異なる本式数珠と、どの宗派でも使える略式数珠とがあります。数珠は、念珠（ねんじゅ）ともよばれ、元々は仏教のお経をあげる際に、その回数を記憶するためのものでした。数珠を身に着けることは、魔よけや厄除けの意味合

いがあるとも言われています。数珠の数は、宗派により異なりますが、一般的に煩悩を表す108です。数珠の輪に手を通すことは、黄泉（死者の世界）の世界と自分をつなぐという意味もあり、数珠に手を通すことで、故人と会話をするとも言われています。数珠は、持ち主と仏様を結ぶ縁をもたらすものなので貸し借りはしません。また数珠を使うことで、持ち主の念が移る（持ち主の分身）と言われているので自分の念珠を持つことに意味があります。専用の数珠袋に入れて大事に扱い、畳の上、机の上などに直には置きません。

抹香焼香の仕方

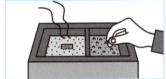

線香焼香の仕方

数珠を持つ時には、房を下にして、左手の親指と人差し指の間にかけて持ちます。焼香をする時には、左手に持ちます。お参りをする時には、数珠を両手の親指と人差し指の間にかけます。または、数珠を左手の親指と人差し指にかけて右手をあわせる使い方があります。数珠は、仏式の葬儀の時のみ使い、神式、キリスト教式、無宗教などその他の宗教では使いません。

数珠の持ち方・合掌での持ち方

神式

　神式の葬儀では、仏式の通夜にあたる「通夜祭」、仏式の葬儀にあたる「葬儀祭」または「神葬祭」が執り行われます。葬儀祭とは、死のけがれを清め、死者を神として祀る儀式です。通夜祭、葬儀祭では、玉串奉奠（たまぐしほうてん）を行います。玉串とは、神道の神事において参拝者や神職が神前に捧げる紙垂（しで）をつけた榊の枝のことを言います。神様へ玉串を捧げ、真心を込めて拝礼する儀式を玉串奉奠と言い、仏式の焼香にあたるものです。紙垂とは、玉串につけて垂らす特殊な断ち方をして折った紙のことで四手とも書きます。

　玉串を祭壇に捧げ、二拝二拍手（しのび手・音をたてない）一拝を行います。

■ **玉串奉奠（たまぐしほうてん）の仕方**

　①神官と遺族に一礼し、玉串を受け取ります。葉先が時計の９時の位置に左手で葉を下から支えて、右手を上に柄を握り、胸の高さで持ちます。

　②葉先を時計の12時の位置に時計回りに回転させます。

　③左手を根元、右手を葉先に入れ替えて、葉先が時計の６時の位置（自分のおなかの位置）に回転させます。

　④葉先を自分のおなかに向けた状態で祭壇に置きます。

⑤遺影に向かい2度最敬礼のお辞儀をします。
⑥音をたてずに打つ拍手を2回します。音がでる手前で手をとめます。
⑦遺影に向かい1度最敬礼をします。
⑧神官と遺族に一礼をして席に戻るか退場します。

玉串奉奠

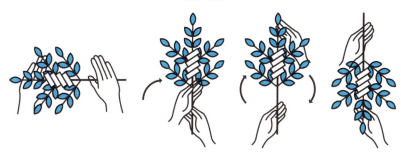

キリスト教式・無宗教葬
白いカーネーションや菊などで献花を行います。
■ **献花の仕方**
　①祭壇の手前で遺族に一礼し、花を右にして胸の位置で受け取ります。
　②献花台に進み、花を自分の胸元にして献花台に捧げます。遺影に手を
　　合わせ合掌をするか、指を組み合せます。頭を下げて黙祷します。
　③2～3歩さがって遺族に一礼し席に戻るか退場します。

献花

贈答のマナー

　ビジネスの場のみならず個人的な交際のうえで様々な機会に金品の贈答をします。国から授与される文化勲章などの受賞、賀寿、祝賀会、落成式、季節のご挨拶、病気、怪我や災害時のお見舞い、葬儀や法事などの弔事も含まれます。個人、会社関係で受賞の連絡が入れば、縁起のよい品を持参して、祝辞を伝えましょう。お祝い品には、紅白蝶結びの水引ののしをつけ、表書きは「御祝」「祝受賞」などです。祝賀会に招待された場合には、ご祝儀（「祝儀の際の寸志」お祝いの金品）を持参するのが一般的です。会費制の場合には、会費がお祝い代わりになります。服装もお祝いの席にふさわしい装いを心がけます。

　季節のご挨拶の時期は、年賀、中元、歳暮があります。日ごろお世話になっている方や取引先などに感謝の気持ちを込めて贈り物をします。いずれも蝶結びの紅白ののしをかけて、書状をそえてお送りします。

　年賀は、元旦から7日（地域により1月15日まで）までに、年始回りの際に持参します。お菓子やタオルなどが一般的です。表書きは「御年賀」とします。

　中元は、7月初めから15日まで、デパートなどからこの期間に届くように発送をします。個人宛てであれば、送付先の家族構成や嗜好品を考えてお送りします。場合により、品物よりもギフト券が喜ばれる場合もあります。会社宛てであれば、小分けになった菓子など、手を煩わせずに社員に行きわたるようなものがよいでしょう。表書きは「御中元」とします。歳暮は、12月初めから20日頃まで、デパートなどから手配をします。表書きは「御歳暮」です。

　万一、中元の時期に遅れてしまった場合、8月8日頃までは、表書きを「残暑御見舞」「残暑御伺」、歳暮の時期に遅れてしまった場合、元旦から1月7日頃までは、表書きを「御年賀」、それ以降は2月4日頃までは、「寒中御見舞」「寒中御伺」とします。

　原則、中元と歳暮の2回贈りますが、年1回であれば歳暮のみ贈ります。贈答をもらったら、感謝の気持ちを手紙で送付します。取引先からの贈答品は、会社名義で御礼状を送付します。

見舞いのマナー

　病気や怪我など、災害、陣中見舞いなどには、相手を励ますことができるような言葉をかけ、相手の負担にならないようなお見舞いをします。

■ **病気、怪我の入院見舞い**
　入院の知らせを聞いたら、お見舞いに行ってよい状況なのかどうか、個人的な付き合いであればご家族に、仕事関係であれば相手の会社に確認をします。状況によりまた本人の希望によりお見舞いに行かないほうがよい場合もあります。お見舞いに行く場合でも、病気や怪我の状態にもよりまた大部屋に入院している場合には、同室の患者さんの迷惑にもなるので、長居は無用です。病状については、根掘り葉掘り尋ねないように気をつけます。
　お見舞い品は、かごに入った生花（フラワーアレンジメント）がよいでしょう。しかし、花を持参することを禁止している病院もあるので、事前に病院に確認したほうがよいでしょう。花を持参する場合には、花屋で予算と病気見舞で持参すると伝えれば、綺麗に組み合わせてくれます。病室は、置く場所も限られます。切り花を持参しても花瓶がない場合もあります。花瓶に花を入れると、毎日花瓶の水を取り替えなくてはなりません。それでは、病人やご家族の負担が増しますし、それもできない場合もあります。かごに入ったフラワーアレンジメントは、花瓶も不要で水やりも少なくてすみます。
　白色の花は日本では葬儀の花なので、白一色は避け、色鮮やかなものにします。また、ゆりのようなにおいが強い花、花粉が散る花、花が丸ごと落ちる花、鉢植えは、病気見舞いには持参できません。花のにおいが病人にとって不快になることもあります。花粉は、病室を汚しますし、服などにつくととれなくなるものがあります。鉢植えには、根があり「寝づく」（＝病気が治らず寝込む）を連想させるので避けます。

おわりに

　コミュニケーションをとることは、難しいことではありません。日常の生活でご家族と、大学では教職員や友人と挨拶をすることから始めてみてください。相手が挨拶をしないから自分もしないというのではなく、自分から心を開いて声をかけてみましょう。このような毎日の生活の中からコミュニケーションは育っていくものなのです。コミュニケーションは、よい人間関係を築く第一歩です。職場でも、プライベートでも相手の立場を考えて、相手を理解しようと心がけ、それをかたちで表現し相手に伝えること、ここからコミュニケーションが始まります。「おはようございます。」という朝の挨拶も元気な声でなければ、相手に伝わりません。わかっているだけでそれがかたちで表現できなければ、コミュニケーションはとれないのです。相手への気持ちを、動作や表情、言葉づかい、プレゼンテーション、贈答などのかたちにして表現してみてください。

　ビジネスマナーのテキストは、多数出版されていますが、コミュニケーションをグローバルな視点から、ビジネスマナーのみならず、プレゼンテーション、プロトコール、テーブルマナー、メールやSNS、遠隔会議やテレワークなどを盛り込んでまとめたテキストにしました。どの内容も社会人にとって必要な基本を分かりやすくまとめています。グローバル時代を迎え、宗教の違いなども理解し、海外の人々とコミュニケーションをとる際にも本書は役に立つテキストです。

　本書のブックデザインについてはマツダオフィスの松田行正さん、梶原恵さんにご協力をいただきました。また、出版に際しては中央大学出版部にお世話になりました。皆さまに厚く御礼を申し上げます。

2022年9月吉日
堀　眞由美

参考資料

「多様な食文化・食習慣を有する外国人客への対応マニュアル
～外国人のお客様に日本での食事を楽しんでもらうために～」
http://www.mlit.go.jp/common/000059429.pdf（2016/09/17 参照）
国土交通省 総合政策局 観光事業課　2008 年

ドロシア・ジョンソン／リヴ・タイラー
『世界標準のビジネスマナー』
東洋経済新報社　2015 年

財団法人日本ホテル教育センター編
『テーブルマナーの基本』
プラザ出版　2006 年

財団法人日本ホテル教育センター編
『プロトコールの基本』
プラザ出版　2013 年

内藤京子監修
『DVD で学ぶ！できる人のビジネスマナー』
西東社　2011 年

日本マナー・プロトコール協会
『改訂版「さすが！」といわせる大人のマナー講座』
PHP 研究所　2011 年

「エチケット」
http://www.thailandtravel.or.jp/about/etiquette.html（2016/09/17 参照）
タイ国政府観光庁

「日本航空でも在宅勤務が定着　導入後も改善重ねる」
http://dual.nikkei.co.jp/article.aspx?id=8757（2016/09/17 参照）
日経 DUAL

「平成 27 年度テレワーク人口実態調査 ―調査結果の概要―」
http://www.mlit.go.jp/common/001124888.pdf（2016/09/17 参照）
国土交通省都市局

著者紹介

堀 眞由美 [ほり・まゆみ]

【略歴】中央大学国際経営学部教授。博士（中央大学）（総合政策）。中央大学大学院総合政策研究科博士課程修了。株式会社日本航空国際線客室乗務員を経て、現職。キャリア教育を中心に女性の就業支援の研究に従事。

【著書】『テレワーク社会と女性の就業』（単著）（中央大学出版部）、『ネットワーク社会経済論』（編著）（紀伊国屋書店）、『デジタル時代の人間行動』（共著）（中央大学出版部）、『情報社会のソーシャルデザイン：情報社会学概論Ⅱ』（共著）（NTT出版）、『現代社会の変容による人間行動の変化について』（共著）（中央大学出版部）
Internet Strategy The Road to Web Services Solutions (co-authors)(IRM Press), *Knowledge and Technology Management in Virtual Organization：Issues, Trends, Opportunities and Solutions* (co-authors)(Idea Group Publishing), *Enterprise Information Systems Design, Implementation and Management : Organizational Applications* (co-authors)(Information Science Reference), *Information Communication Technology Law, Protection and Access Rights: Information Communication Technology Law, Protection and Access Rights Information* (co-authors)(Information Science Reference), *Handbook of Research on ICTs for Human-Centered Healthcare and Social Care Services* (co-authors)(Medical Info Science Reference) 他論文多数。

【審査会等委員歴】栃木県労働委員会公益委員、栃木県職業能力審議会委員、栃木県地方労働審議会委員、栃木県男女共同参画審議会委員、栃木県中小企業振興審議会委員、栃木県情報調査審査会委員、他審議会など歴任。

ビジネスコミュニケーション
―グローバル社会におけるビジネス基礎力と運用能力―

2017年3月31日　初版第1刷発行
2022年9月25日　初版第2刷発行

著　者	堀　眞由美
発行者	松本雄一郎
発行所	中央大学出版部 〒192-0393　東京都八王子市東中野742-1 電話：042-674-2351　FAX：042-674-2354 https://up.r.chuo-u.ac.jp/up/
ブックデザイン	松田行正＋梶原恵
印刷・製本	藤原印刷株式会社

©Mayumi Hori, 2017, Printed in Japan
ISBN　978-4-8057-6189-2

本書の無断複写は、著作権法上での例外を除き、禁じられています。
複写される場合は、その都度、当発行所の許諾を得てください。